백일 편지

백일 편지

김호진 지음

편타클

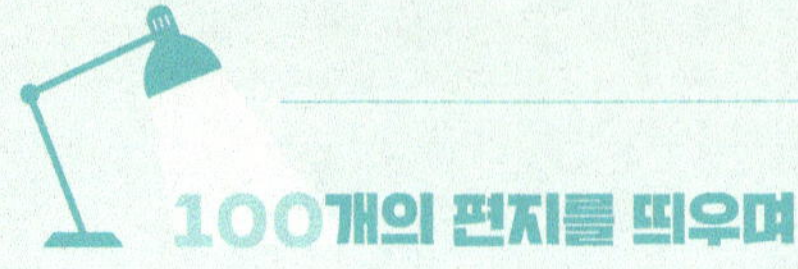

20여 년간 입시전문가로 학생들을 가르치고 상담하면서 매년 수능이 100일 정도 남은 즈음에는 특히 안타까운 마음이 많이 들었다. 공부한 것은 턱없이 부족하고 수능까지의 시간 또한 이제 얼마 남지 않았다는 생각에 절망감에 빠져 겁을 먹고 지레 포기하거나 어찌할 바를 모르고 갈팡질팡하는 학생들의 모습은 늘 깊은 아픔으로 다가왔다.

남은 100일은 '더 이상 상황을 변화시킬 수 없는 시간'이 아니라 '드디어 다가온 수능 공부에만 전념해야 할 시간'이고 '집중적인 공부를 통해 수능 등급을 드라마틱하게 올릴 시간'이다.

목표가 여러 가지일 때는 생각이 많아지고 한 가지에 매진할 수 없지만, 목표가 오로지 하나일 때는 아무 생각 없이 매일 열심히 목표를 향해 달리면 된다. 그냥 달리면 된다. 수능까지의 100일은 결코 포기의 시간이 아니다. 목표가 분명해졌으니 매일매일 한 발 한 발 달려 나아가야 할 시간이다.

20여 년 동안 학생들의 합격을 기원하면서, 꼭 전달하고 싶은 메시지가 있었다.

'열심히 공부하라'가 아니라, '너 자신을 잃지 말고 완주하라'는 것.

공부를 해서 합격을 하는 것도 좋고, 공부를 해서 훌륭한 사람이 되어 이 사회의 밑거름이 되는 것도 좋지만, 가장 중요한 것은, 묵묵히 종착지를 향해 뛰어가는 너 자신을 발견하는 것.

이렇게 완주를 하다 보면 공부 그 자체보다 더 중요한 것을 발견하게 될 것이다. 공부를 통해 고통과 좌절을 이겨내는 능력을 깨우치고, 내 인생의 주인은 바로 나임을 깨우칠 수 있기 때문이다. 그것이야말로 합격보다 더 소중한 인생의 선물이다.

그래서 나는 100일간 매일 힘든 달리기를 시작해야 하는 학생들에게 응원의 편지를 보내고 싶었다. 매일 아침 엄마가 챙겨주는 소박하지만 영양 가득한 사랑의 아침밥처럼 달리기에 도움이 될 수 있는 응원을, 수시로 이유 없이 흔들리는 마음을 단단히 다잡아줄 수 있는 얘기를 담은 간단한 편지를.

『백일 편지』에는 전국 수석을 한 학생들이 어떤 자세로 공부를 했는지도,
수능에서 실패한 학생들의 공통점도 담았다.
공부하려는 학생에게는 힘내라는 응원을,
힘들어서 그만두고 싶은 학생에게는 일어서라는 강한 질책을,
자신감을 잃고 방황하는 학생에게는 어떤 길로 가라는 가이드도 담았다.

지나고 읽어보면 다 유치한 얘기들이겠지만 힘든 시기를 겪어내야 할 학생들에게는 큰 도움이 될 거라 믿는다.

모든 일의 시작과 끝은 똑같이 중요하다. 수능까지의 100일 공부도 마찬가지. d-100이나 d-1이나 루틴이 같아야 하고, 하루를 시작하는 아침의 다짐과 잠자리에 들기 전 하루를 마감하는 정리도 늘 한결같아야 한다. 특히 하루의 힘든 달리기를 끝내고 녹초가 된 몸으로 정리까지 하는 것은 정말 힘든 일이다. 그러나 힘든 시합 후 운동선수들이 반드시 하는 정리 체조처럼 수험생들에게도 하루의 정리는 내일 힘든 질주를 다시 시작할 수 있게 마음의 근육을 풀어주는 효과가 있다.

무엇을 쓰는가는 중요하지 않다.
오늘 공부한 것도 좋고, 오늘 좋거나 나빴던 감정도 좋고, 오늘 먹었던 음식도 좋다.
분량도 중요하지 않다.
단 세 줄만 써라.

매일 아침 편지를 읽고, 매일 저녁 세줄 일기를 빠트리지 않고 쓰는 루틴이 100일을 버텨줄 힘을 줄 것이다. 수험생에게 좋은 루틴은 절대적으로 중요하다.

『백일 편지』가 100일 동안 학생들이 완주하는 길 위에서 함께 울고 웃고 숨 쉬는 소중한 친구가 되어 드디어 마지막 페이지를 넘기는 날, 더 크고 더 깊어진 자신을 발견할 수 있기를 바란다.

행운도 준비해야 온다 1

42.195km.
출발 직전, 마라토너는 신발끈을 꽉 조인다.
출발선을 넘어서는 순간부터 오로지
나에 대한 믿음만이 있을 뿐이다.

백일 뒤의 나

"지금부터 열심히 하면 어느 대학까지 성적을 올릴 수 있을까요?"라는 질문을 받으면, 나는 언제나 이렇게 대답했다.

"어제 네가 공부한 것과, 오늘 네가 공부한 것을 생각하면 네가 갈 대학이 정해져. 그러니 미래의 대학을 생각하지 말고 오늘 네가 만들 대학을 생각해라."

미래는 오늘이 만든다.

세줄일기

수능 공부법은 다르다

죽어도 수능 성적이 오르지 않는 학생은 자신의 공부 방법을 한번 생각해 봐야 한다.

수능은 내신과 완전히 성격이 다른 시험이다. 내신은 당장 일주일 뒤에 시험을 보는 것이라 밤을 새워가며 시험 범위를 다 훑어보면 어느 정도 성적이 나올 수 있다.

하지만 수능은 1년 뒤, 6개월 뒤, 3개월 뒤에 보는 시험이다. 그러니까 지금 성적이 나오지 않아 조바심으로 다 훑어본다고 해도 99일 뒤에 기억이 하나도 나지 않으면 아무 소용이 없다. 오늘 10시간을 공부하더라도 99일 뒤에 기억날 만큼 확실하게 공부하지 않으면 한 시간도 채 공부

하지 않은 셈이 된다. 그래서 항상 공부하기 전에 다짐을 하고 공부를
해야 한다.

"오늘 내가 한 공부가 99일 뒤, 그날 떠오르게 공부해야 한다!"

서두르지 말고, 확실하게 공부하는 것이
가장 빠르게 수능 성적을 올리는 방법이다.

세줄일기

똑같은 시작과 끝

역사상 김유신처럼 여러 왕의 신하였음에도 축출당하지 않고 중용되고, 그 후에도 칭송받는 사람은 거의 없을 것이다. 세 왕의 신하였던 김유신은 생전에 칭송을 받았고, 사후에도 여느 왕보다 더 많이 추앙받았다. 그가 후세의 왕에게 남긴 조언을 보면, 어떻게 이런 불가사의한 일이 가능했는지 가늠해볼 수 있다.

"세상에 많은 이들이 시작하는 것이 중요하다고 하지만, 사실 시작할 때의 마음가짐으로 끝맺는 것이 더 중요합니다. 시작은 쉽지만 끝맺음은 그보다 훨씬 어렵습니다. 그러니 훌륭한 왕이 되시려면 시작할 때의 마음이 끝맺을 때와 같아야 합니다."

만약 수능을 잘 보겠다는 결심을 하고 계획을 세웠다면, 그 마음이 수능 날까지 변함이 없어야 한다. 처음부터 원대한 계획을 세우기보다는, 수능 날까지 변치 않을 계획을 세우는 것이 우선이다.

왕도(王道) 위에 항도(恒道, 한결같음)가 있다.
조급한 마음을 버리고 뚜벅뚜벅 걸어가야 한다.

세줄일기

어떤 꿈이든 이룰 수 있어

인류 역사상 가장 위대한 인물은 누구일까?

여러 사람을 거론할 수 있겠지만, 나는 이 사람을 빼놓을 수 없을 것 같다. 그는 뮤지컬의 새로운 시대를 열었고 뮤지컬이라는 장르를 끝낸 사람이다. 「오페라의 유령」 이후 대부분의 창작뮤지컬은 그의 수준을 뛰어넘지 못한다고 한다. 분업화로 만들어진 뮤지컬이 아닌 오로시 혼사만의 능력으로 빼어난 뮤지컬을 만든 것은 그가 처음이자 마지막일 것이다. 그가 만든 뮤지컬을 열거하면, 대부분 "아… 이게 모두 한 사람이 만든 거야?" 하고 놀랄 수밖에 없다.

「지저스 크라이스트 수퍼스타」, 「캣츠」, 「에비타」, 「뷰티풀 게임」, 「오페

라의 유령」⋯.

앤듀르 로이드 웨버(Andrew Lloyd Webber)라는 인물이다.

그는 역사를 전공했지만, 피아노 교사인 엄마의 뜻에 따라 인근 학교의 학예회 발표곡으로 「요셉 어메이징」이라는 뮤지컬을 만든다. 학예회 작품이었으니 다들 당연히 공연 초반에는 장난치고 떠들며 제대로 관람했을 리가 없다. 그런데 뮤지컬이 끝나고 나니 아이들이 감동해 기립박수를 쳤고, 교장 선생님은 너무 감동한 나머지 이걸로 순회공연을 하자고 했다. 그렇게 영국 전역의 학교에서 공연이 되고, 마침내 런던 최고의 극장에서 상연을 하고 브로드웨이까지 진출, 세계 최고의 뮤지컬 반열에 오른다.

뮤지컬 내용은 성경에 나오는 다 아는 이야기. 똑똑한 요셉이 이집트에 노예로 팔려갔다가 지하 감옥에 던져지고, 거기서 극적으로 구출되어 왕의 꿈 해몽을 하게 되어 재상에 오르는 이야기다.

요셉이 감옥에 갇혀 있을 때, 죄수들은 그에게 이렇게 말했다. "여기서 나간 사람은 아무도 없어." 그런데 요셉은 이렇게 노래를 부른다. "어떤 꿈이든 이루어질 수 있어."
꿈꾸는 이였기에 요셉은 지하 감옥을 벗어날 수 있었다.

이 뮤지컬의 주제곡은 「Any dream will do」.

이 노래는 웨버의 삶의 주제곡이기도 하다.

학예회 노래나 지어주던 무명의 작곡가가 세상에서 가장 뛰어난 능력을 발휘하게 된 것이 바로 그가 '꿈을 꾸는 사람'이었기 때문이다.

수능이 얼마 남지 않았다고, 절망적이라고 생각하기 전에 먼저 꿈을 꾸었으면 좋겠다.

어떤 꿈이든 이루어진다.

"세상과 나는 여전히 기다리고 있지,
아직도 망설이고 있니? 어떤 꿈이든 이룰 수 있어
(The world and I, we are still waiting.
Still hesitating, Any dream will do)."

세줄일기

왜 공부를 해야 하나?

"나는 가수가 꿈인데, 왜 공부를 해야 하는지 모르겠어요."

예전에 이런 질문을 한 학생이 있다. 그 질문에 나는 고등학교 때 정말 노래를 잘하던 여학생이 떠올랐다.

그 친구는 이선희만큼 노래를 잘해서 우리가 '이선희'라고 부르던 친구였다. 수십 년이 지나고 나서 동창회에서 그녀를 만났는데, 가수가 아닌 다른 일을 하고 있었다. 그래서 왜 가수를 하지 않았냐고 하니 이렇게 대답했다.

"내가 친구들 사이에서는 정말 노래를 잘 부르는 아이였어. 그런데 막상 가수가 되려고 보니 프로의 세계는 다르더라, 나만큼 잘 부르는 사람이 널리고 널렸더라고. 그러니까 동네에서는 내가 '넘사벽'이었지만, 프로로 가니까 그냥 고만고만한 애더라고. 그래서 도저히 자신이 없어서 관뒀어."

요리를 잘한다고 주위에서 칭찬이 자자한 사람이 식당을 차렸는데 얼마 뒤 망했다는 이야기를 종종 듣는다. 지인들에게는 요리를 잘하는 사람일지 몰라도 식당 주인으로서는 그저 평범한 솜씨이기 때문이다.

영화를 정말 좋아해서 영화감독이 되겠다는 친구가 있었는데, 그는 지금 술집을 하고 있다. 반대로 영화감독이 되겠다고 했지만, 재능이 별로 없는 것 같아 주변에서 걱정하던 친구가 있었는데, 그는 지금 내로라하는 세계 최고의 감독이 되어 있다.

또한 글을 잘 써서 최고의 작가가 될 거라고 기대받던 친구는 그냥 평범한 가정주부가 되었지만, 대학교 때 그리 뛰어난 능력을 발휘하지 못했지만 그 이후에도 포기하지 않고 열심히 글을 썼던 한 친구는 세계 최고 수준의 문학상을 받았다.

일류 요리사가 되고 싶으면 '공부하는 요리사'가 되어야 한다. 그래야 프로의 세계에서 살아남을 수 있다. 아마추어 사이에선 '넘사벽'인 재능일지 몰라도 프로의 세계는 다르다. 모두가 재능 있는 사람들의 세계에서는 그저 그런 사람들 중 하나일 뿐이다.

그러니 공부해야 한다. 솔직히 수능 공부는 가수, PD, 프로그래머 등 여러분이 훗날 갖게 될 직업에 직접적인 도움이 되지는 않는다. 다만 공부해서 성취하는 기쁨을 알게 되고, 공부해서 한 단계 한 단계 도약하는 과정을 겪어본 이들이 '공부하는 프로'가 되어 어느 분야에서든 잘 살아갈 수 있다.

하나 더.

만약 서울대 나온 선생님과 지방대 나온 선생님이 가르치는 능력이 똑같다면, 너는 어느 선생님의 강의를 들을래? 나라면 지방대 나온 선생님이 온갖 편견을 극복하고 그 경지까지 올랐으니 그 선생님의 강의를 들을 텐데, 대부분 학생들은 서울대 나온 선생님을 선호하더라. 세상의 때가 덜 탄 너희들도 그런 편견이 있는데, 온갖 편견으로 가득 찬 어른들의 세계에서는 그 차별이 얼마나 심할까?

앞으로 네가 살아가며 생길 여러 기회를 잡는 데 '대학 간판'이라는 것이 예상외로 큰 도움을 줄 거다. 물론 이런 세상의 편견을 깨뜨리기 위해 앞으로 너희 세대들이 노력해야겠지만. 이런 편견을 깨뜨릴 위치에 있는 많은 사람들도, 사실은 열심히 공부해서 그 자리에 올라갔다.

그러니 공부하자.
이런 불합리한 사회적 편견을 깨뜨리기 위해서라도.

세줄일기

행운도 준비해야 온다

식수가 부족한 섬마을에 가뭄이 들었을 때 갑자기 큰비가 오면 행운인데, 그 행운을 다 담을 수 있으려면 빗물을 담을 그릇이 커야만 할 것이다.

예전에는 큰 그릇을 만들 때, 먼저 충분히 뜨거운 불에 달궈서 변죽(그릇의 가장자리)을 늘리고 망치로 세게 두들겨서 큰 그릇을 만들었다.

맹자는 "하늘이 장차 큰일을 맡기려는 사람에게는 먼저 큰 고난을 준다."고 말했다. 큰 그릇을 만들 때 변죽을 늘리고 세게 두들기는 것처럼 힘줄을 늘리고 뼈를 깎는 고통을 준 후에 비로소 큰일을 맡긴다는 것이다.

큰 행운을 얻으려면 우선 그릇이 커야 하고
큰 그릇이 되려면 큰 고통을 이겨내야 한다.
지금의 고통이 내게 올 행운의 시작이라 생각하고
기꺼이 받아들이며 이겨내자.

세줄일기

힘들어야 잘 된다

기말고사를 망치고, 모의고사를 망치고, 부모와 다툼이 있고, 친구와의 관계가 괴로울 때 '아, 나에게 뭔가 이룰 새로운 기회가 오는구나.' 생각했으면 좋겠다.

월트 디즈니(Walt Disney)는 어려서부터 아버지에게 맞고 자랐다. 그래서 아버지가 학대를 시작하면 다락방에 몰래 숨어들곤 했다. 칠흑 같은 다락방에서 그가 교감할 수 있는 존재는 생쥐뿐, 그는 학대의 고통 속에서 '대화하는 생쥐'를 꿈꿨다. 훗날 그에게 가장 많은 부를 안겨준 것은 바로 이 생쥐, '미키마우스'다.

만약 디즈니에게 '두들겨 맞을 기회(?)'가 없었으면 성공하지 못했을

것이다. 그러니 인생이 너를 두들긴다면, 뭔가 더 잘될 일이 온다고 생
각해라.

칠흑 같은 다락방의 암흑도 잘 이겨내기만 한다면,

그게 네 시작이었을 거다.

세줄일기

것이다. 그러니 인생이 너를 두들긴다면, 뭔가 더 잘될 일이 온다고 생

너를 보라

전국 수석을 한 학생을 7명쯤 상담했는데, 그들에게는 몇 가지 공통점이 있었다. 일단 흔히들 생각하는 학습량과 지적 능력은 다른 학생들과 큰 차이가 없었다. 놀라운 학습 비법이 있는 것도 아니었다. 게임중독이었던 학생도 있었고, 오히려 학습 능력이 일반 상위권 학생보다 떨어지는 학생도 있었다.

그런데 이 학생들의 가장 큰 공통점은 액티브한 학습 태도였다.

2학년 때까지 모의고사 수학 5등급이었던 한 학생은 자신이 어떤 단원이 약한지조차 파악할 수 없는 형편없는 수준이었다. 그러나 매주 스스로 다양한 시도를 했고, 그 시행착오 끝에 6월 모의고사쯤에는 자신에게 가장 적합한 공부 방법을 찾아냈다. 그가 수능 만점을 받고 후배들을 위한 후기를 인터넷에 썼는데, 그동안의 꼼꼼한 자기분석에 놀랐다. 자신에게 맞는 교재를 언제까지 끝내고, 그 다음 교재는 어떻게 공부했다는 기록은 오로지 자신에게 딱 맞는 학습 방법을 찾아내는 과정 그 자체였다.

내가 놀란 것은 그 학생이 얼마나 액티브하게 공부를 했냐는 것이었는데, 그 아래 달린 후배들의 댓글은 그게 아니었다.

"고2 말까지 『매3비』를 봐야 하는군요."
"수학 인강은 ○○ 선생님께 좋군요."
"수능 특강은 이렇게 보는 거군요."

그 학생이 본인에게 맞는 방식을 스스로 찾아내어 공부한 방법을, 후배들은 그저 수동적으로 따라 하겠다는 댓글이 대부분이었다. 그의 액티브한 공부에 감탄하면서도 스스로 액티브한 공부를 하고자 하는 후배는 거의 없었다.

한번은 '죽어라 공부해도' 수학 성적이 오르지 않는다는 학생을 만난 적이 있다. 그는 하루에 12시간을 투자해 수학 공부를 한다고 했다. 어떤 부분이 제일 어렵냐고 물었더니 삼각함수에 대한 기본적인 이해가 안 되는 것 같다고 했다. 그래서 "일단 어떻게든 삼각함수 기본 응용문제를 모두 풀어낼 수 있도록 공부해야지 않겠냐?"고 했다.

그 학생은 매일 12시간을 투자해 학원 숙제를 하고 선배들의 공부법을 따라 했지만, 스스로를 돌아보고 공부하지는 않았다. 그래서 전국 수석을 한 학생보다 더 열심히 수학을 공부했지만 성적은 오르지 않았던 것이다.

매일 공부하기 전 자신을 돌아보라.
그리고 시행착오를 각오하고 하루빨리
본인에게 맞는 방식을 찾아 액티브한 공부를 시작하라.
아직 시행착오를 거칠 충분한 시간이 남아 있다.
지피지기면 백전백승이다.

세 줄 일기

도전하고, 또 도전하라

역사상 최고의 농구 천재를 마이클 조던(Michael Jordan)이라고 한다.

기자가 "어떻게 그렇게 슛을 잘하냐?"고 묻자, 그는 이렇게 대답했다.

"사람들은 내가 넣은 골만 기억합니다. 그러나 나는 넣은 것보다 더 많은 골을 실패했어요."

실제로 마이클 조던의 NBA 경력 동안 전체 슛 성공률은 50%도 되지 않는다. 게다가 3점 슛 성공률은 30% 초반에 머문다. 그는 절반 이상의 실패를 했지만, 아무도 그것을 기억하지 못한다.

메이저리그 최고 타자도 절반 이상의 안타를 치지 못한다.

역사상 그 어떤 위대한 타자도 5할 이상의 타율을 기록하지 못했다.

축구에서도 통산 슛 성공률이 50% 이상 되는 선수는 없다.
세상의 그 어떤 위대한 천재도 항상 50% 이상 실패한다.

그러나 그들은 절반 이상 실패할 걸 알면서도 좌절하지 않는다. 100%
의 성공은 있을 수 없다는 것을 뻔히 알면서도 언제나 100% 성공을 할
것처럼 도전하고 또 도전한다.

천재는 성공해서 천재가 아니다.
도전을 멈추지 않기 때문에 천재다.

전국 수석을 하지 못할지라도
전국 수석을 하겠다는 마음으로 도전한다면,
수능 날 위대한 천재가 되어 있을 것이다.

세술일기

돌이켜보면 오늘이
희망임을 알게 될 것이다

아프리카 대륙의 남단에 위치한 희망봉은 원래 '폭풍의 곳'이었다. 수에즈운하가 개통되기 전 과거 유럽에서 배를 타고 아시아로 가기 위해서는 아프리카를 빙 둘러서 가야만 했다. 그 거리가 1만 킬로미터가 넘으니 초기 모험가들은 아무리 가도 가도 대륙이 끝나지 않는 것처럼 느껴졌을 것이다. 아마 희망봉을 발견하기 직전까지도 '오늘도 끝이 보이지 않는 벽을 보며 의미 없는 하루를 보내겠군.' 하고 생각했을지도 모른다. 그러나 지나고 나니 그곳이 아시아로 향하는 희망의 자리였음을 알게 되었다.

보통 한 사람이 감당하기 힘든 고통이 찾아오면 현실감각이 사라지곤 한다. 그 예로 친한 이가 세상을 떠나도 사실 그 순간에는 슬픈 감정도 들지 않는 경우가 있다. 그러나 며칠이 지나고 몇 달이 지난 후, 문득문득 떠오르는 고인에 대한 감정이 임종 당일보다 더 슬플 때가 있다.

인생은 딱 한 번 사는 것이라서, 내가 지금 희망의 자리에 있는지 절망의 자리에 있는지 잘 모르는 경우가 많다. 특히 중요한 순간이 얼마 남지 않았을 때, 그 순간이 인생의 중요한 시기라는 것이 현실적으로 와닿지 않는 경우가 많다. 그래서 우리는 시험 전날 딴짓을 하기도 하고, 그냥 자버리기도 한다.

수능이 얼마 남지 않았다. 지금 이 시기는 앞으로 살아갈 인생의 큰 부분을 결정짓는 시기다. 그러나 그만큼 중요하다는 실감이 잘 나지 않을지도 모른다. 그래서 감정의 회오리에 휘말려 '폭풍의 곶'을 지나는 배처럼 흔들리고 우왕좌왕하며 시간을 보내고 있을 수도 있다.

그러나 폭풍의 곶을 지난 많은 인생 선배가 이렇게 이야기해 주고 있다. 바로 오늘이 '희망'이었다고. 오늘 최선을 다한다면, 그것이 희망으로 항해하는 멋진 길이라고.

실감이 나지 않더라도 먼 훗날 알게 될 것이다.

세줄일기

바뀌면 이긴다 2

소걸음으로 천리를 가다(牛步千里).
꾸준하게 걷는 것이 가장 빠르게 갈 수 있는 방법.
중요한 건 속도가 아니라 목표를 향한 마음이다.

부모에게 화내지 마라

가장 친한 친구가 대학에 붙고 너는 떨어졌을 때, 진심으로 그 친구를 축하해줄 수 있을까? 평소 너보다 성적이 낮았던 친한 친구가 너보다 좋은 대학을 갔을 때, 진심으로 그 친구를 축하해줄 수 있을까?

네가 합격했을 때, 자신의 처지가 어찌 되었든 진심으로 축하해줄 사람은 부모밖에 없다. 자신보다 좋은 대학을 갔다고 자식을 질투하는 부모는 세상에 없다.

그러니 온전히 네 편에 서 있는 사람에게 화내지 마라.
온전히 네가 잘되기를 바라는 사람에게 화를 내는 것은, 머리가 나쁜 것이다.

누가 진정한 내 편인가를 모르는 정도의 지능이면 수능을 잘 치를 리가 없다. 고3 생활을 지혜롭게 보내려면, 부모에게 화내지 마라.

명심해라,
무조건 네 편인 유일한 존재는 부모뿐이다.

세줄일기

왜 우리만 금메달을 따는 거지?

수능 날 컨디션이 좋지 않으면 어떡하나 고민하는 학생들이 많다. 실제로 집에서는 잘 풀지만 모의고사만 보면 잘 못 푸는 학생들이 꽤 있다. 그들은 하나같이 "큰 시험에 약하다"는 이야기를 많이 한다. 그런데 생각해 보면, 누구나 큰 시험에 약하다. 더 긴장되고 떨리는 것은 너뿐 아니라 모든 수험생이 마찬가지다.

사실 이런 문제는 자신이 그런 성향을 보인다고 걱정하는 단계에서 그치면 안 된다. 큰 시험에 약하다면 시험장에서 당황하면 어떻게 해야 할지 미리 생각해 보아야 한다. 그런 상황을 머릿속으로 수십, 수백 번 시뮬레이션을 돌려보고 침착하게 대처하는 자신의 모습도 매일 상상해야 한다.

세계 양궁 선수권 대회는 과거 거리도 멀고 제약도 별로 없어 개인 기량이 가장 중요했다고 한다. 그런데 실력이 너무 뛰어난 한국 선수들이 메달을 휩쓸어가자, 거리도 줄이고 규칙도 복잡하게 만들어 버렸다. 그래서 실력 못지않게 운도 중요한 요소가 되어버렸다. 그럼에도 불구하고 한국은 올림픽에 나갔다 하면 금메달을 땄다.

큰 경기에 강한 한국 선수들을 보면서 외신은 불가사의한 현상이라고 했다. 그런데 한국 선수들의 훈련 과정을 보면 왜 큰 경기에 그리 강했는지 이유를 알 수 있다. 한국 선수들은 기본 훈련도 열심히 하지만 혹여나 경기 당일에 벌어질 수 있는 온갖 돌발 상황을 미리 예측하고 머릿속에서 그려보는 훈련에도 상당히 공을 들였다고 한다. 야유하는 관중들, 비가 내리는 상황, 바람이 세게 부는 상황까지도 머릿속으로 그리며 미리 대처를 했다. 심지어 실제 상황에 가깝게 연출하기 위해 만원 관중의 야구장에 가서 활시위를 당기기도 했고, 눈비가 내리는 궂은날을 훈련일로 삼기도 했다.

몇 년 전 큰 시험만 보면 속이 뉘들러서 도지히 제대로 문제를 풀지 못하겠다는 학생이 있었다. 그래서 그 학생에게 딱 한 달간만 매일 10분씩 그런 상황에서도 당황하지 않고 문제를 푸는 장면을 상상해 보라고 했다. 그리고 다음 모의고사 때 그런 상황을 일부러 만들어 훈련해 보라고 했다. 그래서 문제 해결이 간절했던 그 학생은 극단적으로 다음 모의고사 때 속이 좋지 않자 일부러 바지에 똥을 쌌다. 그 다음부터 그 학생은 시험 때만 되면 나타나는 배탈이 싹 사라졌다. 그리고 큰 시험에 오히려 강한 학생이 되었다.

큰 시험에 강한 것,
그것도 훈련의 문제다.

세줄일기

잠자는 시간만 정확해도
수능 성적은 오른다

전국 수석을 한 학생들의 두 번째 공통점. 언제나 잠자는 시간이 일정했다는 것이다.

학생들이 늦게 잠드는 데에는 몇 가지 이유가 있다. 첫째는 시동이 늦게 걸리는 스타일이다. 저녁쯤부터 공부를 시작해서 밤이 되어야 본격적으로 활성화 모드가 되는 학생들이다. 이른바 '올빼미족'이라고 하는데, 사실 생각해 보면 이 문제를 해결하는 방법은 간단하다. 그냥 일찍 자고 일찍 일어나면 된다. 그게 어렵다면 마음먹고 하룻밤을 새우고 일상을 버티다 일찍 잠들면 된다. 그렇게 수면 시간을 조금씩 앞당기다 보면, 충분히 일찍 자는 것에 적응할 수 있다.

두 번째는 불안과 초조다. 오늘 한 것이 별로 없는데, 일찍 자려니 왠지 불안하다. 그러니 새벽만 되면 뭔가 열심히 해야만 할 것 같은 감정에 사로잡힌다. 그 불안과 초조의 원인은 '공부를 안 한 나' 자신에 대한 죄책감일 뿐 '늦게 잔다고' 해결될 문제가 아니다.

세 번째는 네 일상이 너무 화려하기 때문이다. 유튜브도 봐야 하고, 축구도 봐야 하고, 세상사에 관심이 너무 많다. 그런데 다시 생각해 보면 지금의 네게 어느 것도 이득이 되지 않는다. 지금 당장 관심 끊고 잠을 자면 나중에 유럽에 가서 축구를 '직관'할 기회도 생긴다. 원 없이 유튜브를 보다 지치고 지쳐 더 이상 보기 싫을 때까지 볼 날도 온다. 그러나 지금 그 욕구를 채우려 한다면 그런 기회는 앞으로 절대 없을 것이다.

내신을 공부할 때에는 밤을 새워도 큰 지장이 없다. 아니, 밤을 새워서라도 시험 범위를 다 공부하면 더 좋은 성적을 받을 수도 있기 때문에 오히려 더 좋을 수도 있다. 하지만 수능은 전혀 다른 '수능 모드'의 공부가 중요하다. 수능은 내신보다 훨씬 많은 양을 소화해 내야 하고 훨씬 긴 기간을 일정하게 공부해야 한다. 그런데 제때 잠을 자지 않거나 불규칙하게 잠을 자는 것은 다음날을 망치는 일이다. 한 번 루틴이 무너지면 제때 잠을 자지 못하는 악순환이 계속된다. 더군다나 잠드는 시간이 일정치 못하면 다음날의 컨디션 또한 일정해지지 않기 때문에, 꾸준히 공부해야 하는 수능에서는 치명적이다. 일찍 자는 것은 수능 사이클에도 도움이 된다. 뇌가 활성화되는 시간을 수능 시험과 맞춘다면, 수능 때 당연히 도움이 될 것이다.

잠을 줄이려 하지 말고, 정확하게 자려고 노력해라.

정확한 취침 시간을 지키는 것이야말로

'수능 모드'로 변하기 위해 가장 먼저 해야 할 일이다.

세줄일기

당장 희망열차를 타라

'경영의 신(神)'이라고도 불리는 일본 기업인 마쓰시타 고노스케(松下幸之助)는 자신이 가장 행복했던 순간을 '오사카에 왔을 때'라고 회상했다. 마쓰시타는 불우한 환경 속에서 자라났다. 아버지의 사업 실패로 초등학교도 마치지 못하고 아홉 살의 나이에 고향을 떠나 대도시 오사카로 가야만 했다.

어린아이가 먹고살기 위해 어쩔 수 없이 고향을 떠나 낯선 도시에 왔을 때 그 심정은 얼마나 우울하고 절망적이었을까? 도시 사람들의 웃고 떠드는 소리가 얼마나 이질적이고 괴로웠을까? 자신의 고통과 상관없이 저리 즐거운 사람들을 보면 마치 세상에 버림받은 듯한 원망이 가득할 테고, 더 극단적인 생각을 할 법도 하지만, 그는 오히려 그 차디찬 길거리에서 희망을 꿈꿨다고 한다.

그가 머릿속에 가졌던 희망 논리는 간단하다. '자, 이제 오사카에 왔다. 여기서 일자리를 얻으면 따뜻한 밥을 먹을 수 있다.' 그래서 그는 그 순간이 가장 행복한 순간이었다고 한다.

오사카의 자전거 가게에서 일하게 된 그는 '고객을 신으로 받들어 모신다'는 일념으로 성실히 일했고, 나중에는 마쓰시타 전기기구 제작소(현 파나소닉)를 창업하게 된다.

나중에 성공의 비결을 묻는 기자의 질문에 그는 이렇게 대답했다. "하늘이 준 세 가지 은혜가 있었습니다. 가난한 것, 허약한 것, 못 배운 것이 그것이지요. 그 은혜 덕분에 성공할 수 있었어요. 가난 때문에 성실함의 중요성을 일찍 깨달았고, 허약하게 태어나서 건강의 소중함을 알고 몸을 아낄 수 있었지요. 또한 초등학교도 마치지 못했기 때문에 항상 배움에 관심을 가졌고요."

희망의 논리는 지금의 내 처지와 성적에 있지 않다. 그리고 무엇보다 그 논리는 매우 간단명료하다.

지금 공부를 한다.
그러면 성적이 오른다.

성적이 오르면 원하는 대학을 간다.

'어떻게 공부할까, 내가 과연 할 수 있을까?' 고민하지 말고 당장 희망
열차를 타라.

수능에서 성공하는 방법은 의외로 간단하다.

세줄일기

불가능을 가능으로 바꾸는
기적의 시간

에펠탑은 1889년 파리 만국박람회 개최 기념으로 만든 조형물이다. 이전까지 에펠탑보다 높은 구조물은 지구상에 없었고, 이후에도 수십 년간 에펠탑보다 높은 건물도 없었다. 지금이야 어딜 가든 고층 빌딩이 즐비하니 이것이 얼마나 위대한 구조물인지 실감이 잘 가지 않을 텐데, 당시 사람들에게 에펠탑이 주는 시각적 충격은 어마어마했을 것이다. 당시로서는 상상도 할 수 없는 기술이었다.

에펠탑을 세우려 할 때 수많은 사람들이 반대했는데, 대체로 문화와 예술의 도시 파리에 철골 구조물은 흉물스럽고 어울리지 않는다는 주장이었다. 또한, 이러한 높이를 상상할 수 없을 때였으니 노동자들의 안전을 보장할 수도 없고 향후 그 구조물 자체도 안전할 리 없다는 것이었다. 관람객들의 안전을 보장할 수 없다는 주장이 나온 것도 물론이다.

또 한 가지는, 실제로 만국박람회까지 완공이 불가능하다는 것이었다. 당시 이보다 훨씬 낮은 구조물도 빨라야 5년, 보통은 10년 정도의 시간이 소요되는 것이 일반적이었다. 당연히 그들의 상식으로는 상상을 초월하는 높이의 철골 구조물을 3년 안에 건설해 내겠다는 에펠(Gustave Eiffel)의 계획 자체가 터무니없게 느껴졌을 것이다.

그런데 에펠은 이렇게 이야기했다.

"철저한 계획이 서 있다면 시간은 전혀 중요하지 않다. 왜냐하면 나는 불가능하다면 계획조차 세우지 않았을 것이기 때문이다."

실제로 그는 3년이 아닌 2년 만에 이 거대한 구조물을 완성했다. 공사 기간 동안 사망자는 단 한 명. 일반 도로를 놓는데도 수십 명의 사망자가 나오는 당시 상황에 비춰보면 기적에 가까운 완공이었다.

3학년 3월 모의고사에서 수학 5등급을 받은 학생이 전국 수석을 한 적이 있었다. 당시 상담을 하던 중 그 친구가 말했다. "그동안은 수학 문제가 어려워서 그냥 잤어요. 근데 이제부터 제대로 해보려고요."

말은 누구나 이렇게 할 수 있지만, 아무리 노력한다 해도 얼마 남지 않는 시간 안에 드라마틱한 반전을 이뤄내기란 쉽지 않다. 그런데 그 친구는 결국 전 과목 만점이라는 수능 성적표를 받아 결과로 증명하였다. 당시 그 학생은 하루 단위로 작성한 수학 공부 계획표를 보여주었는데, 마치 에펠의 설계도처럼 꼼꼼했다. 수능까지 1등급을 받을 수 있겠냐는 질문에, "실천이 어렵지 실천만 한다면 충분히 가능할 것 같아요."라고 말했다.

아직 시간이 많이 남아 있다. 모든 이들이 불가능하다고 할지라도, 남은 기간 동안 계획을 세우고 실천한다면 충분히 원하는 점수를 받을 수 있다.

에펠탑의 기적은 멀리 있지 않다.
실천만 한다면 말이다.

세 줄 일기

지금 성적을 믿지 말고,
네 가능성을 믿어라

미국 작가 베키 블랜턴(Becky Blanton)은 경제적인 어려움과 가족 문제, 정신적 문제 등 여러 가지 상황이 겹쳐 집을 나와 1년 정도 노숙 생활을 한 적이 있다.

추운 겨울에 마트 환풍구의 더운 바람으로 겨우 몸을 녹이곤 하던 그녀는 어느 날 심한 감기에 걸리고 말았다. 미국은 병원비가 너무 비싸 일반 병원을 갈 수 없었고, 노숙자들을 치료하는 병원을 찾을 수밖에 없었다. 공짜로 치료해주니 노숙자가 아닌 사람들까지 노숙자 행세를 하고 치료를 받으러 와서 긴 줄을 서야 했다.

누군가 노숙자냐고 물었고, 그녀는 노숙자가 맞다고 답했다. 얼마 지나지 않아 그가 정말 노숙자가 맞냐고 되물었고, 다시 그녀는 노숙자가 맞다고 대답했다. 의심이 걷히지 않은 그가 세 번째로 묻자, 그녀는 불현 듯 자신이 정말 노숙자인가를 생각하게 되었다.

그때의 느낌을 그녀는 이렇게 말했다.

"내 아이큐도 그대로고 체중도 그대로다. 과거와 달라진 것이 하나 없는데 나는 지금 노숙자가 되어 있다. 나는 정말 노숙자인가? 아니면 나는 그저 나일뿐인가?"

그녀는 깨달은 바가 있어 곧바로 노숙 생활을 그만두기로 결심했고, 그 길로 집으로 돌아와 새로운 의욕을 담아 글을 썼다. 사람들은 힘든 경험을 통해 얻은 깊은 통찰과 지혜가 담긴 그녀의 글에 공감하며 용기를 얻었고, 자신의 삶에 대한 다양한 관점을 생각할 수 있었다.

늘 학생들이 묻는다.

"지금 제가 3등급인데 수능에서 1등급을 받을 수 있을까요?"

그럴 때마다 나는 이렇게 말한다.

"네가 언제부터 3등급짜리였지? 3등급은 단순히 너의 성적이고 너는 그냥 너일 뿐이야. 3등급을 받을지, 1등급을 받을지는 네가 가장 잘 알고 있어. 왜냐하면 성적은 너의 의지와 실천에 따라 달라지기 때문이지. 너는 대한민국 평균, 혹은 그 이상의 신체와 두뇌를 갖고 있잖아. 수능은 석박사급 지식을 필요로 하는 시험도 아니고 IQ 200 이상의 두뇌를 찾는 시험도 아니야. 지금의 등급은 중요치 않아. 중요한 건 바로 너, 너의 가능성이야."

지금의 등급을 믿지 말고,
너의 가능성을 믿어.

세줄일기

꼼꼼함을 무기로
시간을 네 편으로 만들어라

『미디어의 이해』로 잘 알려진 맥루언(Marshall McLuhan)은 하루에도 여러 권의 책을 읽었다고 한다. 그가 이렇게 많은 책을 읽을 수 있게 된 것은 속독 능력도 아니고 빨리 읽어야 한다는 강박도 아니었다.

먼저, 그 분야에서 가장 잘 알려진 책을 매우 꼼꼼하게 읽는다. 그러면 그 분야에 대한 내용이 지도처럼 그려졌고, 그다음 책부터는 읽으면서 내용을 미리 유추한다. '아 이런 내용이겠지' 하고 생각한 뒤, 예상이 맞으면 그 뒤로는 휙휙 책장을 넘겼다. 그렇게 하다 보니 나중에는 책장을 넘기는 시간이 독서의 전부일 정도로 속독할 수 있었다.

가끔 시험 시간이 부족하다는 학생들이 빨리 풀기를 연습하는 것을 본다. 시간이 부족한 이유가 빨리 풀기 연습을 안 해서인가, 아니면 실력이 없어서인가? 실력이 오르면 자연스럽게 문제를 풀어나가는 시간이 줄어들 수밖에 없다.

100일도 채 남지 않았다고 교재를 대충대충 보면 다음 교재, 그다음 교재를 소화하는 데 더 많은 시간이 필요할 것이다. 하지만 꼼꼼히 보고 머릿속에 지도처럼 잘 그려놓았다면, 그다음은 아무리 건너뛰며 읽어도 놓치는 것이 없을 것이다.

시간이 부족한 학생은 먼저
기초를 단단히 다지는 단계가 필요하다.

세줄일기

진짜 본능에 충실하라

인간도 동물이라 본능을 이길 수 없다고 한다. 자고 싶은 본능, 놀고 싶은 본능을 이기는 것은 힘든 일이라고 한다. 그럼 지금 당장 눈앞에 서울대학교 합격증과 10시간 수면 보장권이 있으면 본능적으로 어디에 손이 갈까? 눈앞에 원하는 대학의 합격증과 뭐든 마음껏 먹을 수 있는 쿠폰이 있다면 본능적으로 어디에 손이 갈까?

가짜 본능에 속지 말고,
진짜 본능에 충실하라.

세줄일기

바뀌면 이긴다

게임을 많이 하는 학생은 게임 때문에 성적이 오르지 않는다는 것을 스스로 잘 알고 있다. 유튜브를 많이 보는 학생은 유튜브가 공부에 방해가 된다는 것을 스스로 잘 알고 있다. 대부분의 학생들이 자신의 약점을 잘 알고 있다.

꽤 많은 학생들이 올바른 공부법, 딱 맞는 교재, 훌륭한 강사를 찾기에 여념이 없지만, 그 어떤 공부 비법보다 중요한 것은 자신의 약점을 인정하고 그것을 고치는 것이다. 이렇게만 해도 성적이 급상승할 수 있다. 더불어 이 약점을 고치는 과정은 시간에 구애받지 않는다. 언제든 시작할 수 있고, 오늘 바로 시작하여 내일 효과를 볼 수도 있다. 극단적으로 당장 내일이 수능 날이라도 오늘 그 약점을 고칠 수만 있다면, 미약하게 나마 성적은 오른다.

당장 나쁜 습관을 고치도록 온 힘을 다하자.
그것이 성공의 비결이다.

세줄일기

무서운 이야기

북극에 가려고 그린란드 어느 마을에서 개썰매를 빌려 탔다. '올레'라는 이름의 이누이트가 앞에서 채찍으로 개썰매를 조종했는데, 그린란드의 개썰매는 알래스카와 끄는 방식이 달랐다.

알래스카에서는 두 개의 긴 줄에 가지 하나씩을 내어 일렬로 개를 묶고 달리는 방식인데 그린란드는 부챗살처럼 방사형으로 펼쳐진 줄에 개들을 묶어 달리게 했다. 산악 지형이 있어 좁은 길도 통과해야 하는 알래스카와는 달리 빙하가 지평선을 이루는 곳이니 개들을 방사형으로 풀어놓아도 걸릴 것이 없기 때문인 듯했다.

개썰매는 4인용 자동차 실내만큼이나 컸고, 각종 물건을 가득 실었지만 예상보다 속도가 빨랐다. 올레는 주로 가운데 두 마리를 채찍질하여 속도를 냈는데, 두 마리 옆에 있는 개들은 상대적으로 속도가 느렸다. 특히 맨 가장자리에 있는 개들은 거의 끌려가는 수준이었다. 체구도 가운데 개가 가장 늠름했고, 가장자리로 갈수록 비실비실했다.

그런데 아무리 봐도 불공평한 것이 그 늠름한 두 마리가 썰매를 거의 다 끌다시피 하는데, 올레는 그들에게만 계속 채찍질을 가했다. 가장자리의 개들은 채찍도 맞지 않으니 요령을 피우며 속도만 맞출 뿐이었다.

얼마 뒤 처음으로 내리막이 나왔다. 점점 가속도가 붙어 가운데 개들은 죽기 살기로 달리지 않으면 썰매에 치여서 죽을 수밖에 없는 상황이었다. 이런 상황이니 두 마리는 죽기 살기로 뛰었지만, 가장자리의 개들은 그럴 염려가 없었기에 점점 뒤처져 도움은커녕 브레이크 역할을 하기까지 했다. 오르막이 나와도 불공평한 것은 마찬가지. 가운데 두 마리는 무거운 썰매가 뒤로 쏠리지 않도록 죽도록 뛰고, 나머지는 오히려 방해가 될 정도로 설렁설렁 뛰었다.

그렇게 며칠이 지나 돌아올 때쯤, 올레는 가운데 두 마리에게 가장 좋은 먹이를 주었다. 그리고 몸소 다리 마사지도 해주고 채찍을 때렸던 부위를 어루만져주었다. 그러고는 가장 요령을 피우던 두 마리의 로프를 끊어버려 자유의 몸이 되게 했다.

나는 의아해서 왜 그러냐고 물어보니, 그가 이렇게 답했다.

"저 개들은 이제 쓸모가 없어요. 그러니 풀어주는 거죠."

"그럼 저 개들은 어떻게 되나요?"

"이곳은 얼음밖에 없어요. 그러니 며칠 내로 얼어 죽겠죠."

그는 무표정하게 대답했다. 두 마리 개는 어떻게든 썰매 옆에 있으려 했지만, 올레는 채찍으로 심하게 때리고 심지어 한 마리의 꼬리 쪽에 총까지 쐈다. 결국 개들은 마지못해 썰매에서 떨어졌다.

돌아가는 길에도 가운데 개들은 똑같이 채찍을 맞으며 달렸다. 역시 맨 가장자리 개들은 이전에 벌어진 상황을 보았음에도 적당히 요령을 피우며 달렸다. 그런데 나는 이제 채찍을 맞는 두 마리 개가 불공평하게 느껴지지 않았다. 떨어져 나간 개들은 채찍질을 배로 당한 것은 물론 버려지기까지 했으니 말이다.

공부를 하다 보면 세상이 불공평하다는 생각이 들 때가 있다. 어떤 친구는 마음껏 자고, 어떤 친구는 하루 종일 놀면서 하고 싶은 대로 다 하며 산다. 그렇다고 그 애들이 어른들 말처럼 딱히 미래에 힘든 삶을 살 것 같지도 않다.

그런데 채찍을 맞지 않은 그들은 언젠가 혹독한 빙판에 혼자 내버려지는 순간이 있을 것이다. 직업도 제대로 구하지 못하고, 배우자도 제대로 만나지 못하고, 친구도 모두 떠나 혼자 남게 되었을 때, 채찍을 맞으며 열심히 달리지 않았던 돌이킬 수 없는 과거를 뼈저리게 후회할 날이 올 것이다.

세상은 예상보다 훨씬 무섭다.

세줄일기

높은 확률에 베팅하라 

3점 슛 실패율 67.3%.
NBA 역사상 가장 위대한 슈터
마이클 조던(Michael Jordan)도
3번 던져 1번밖에 성공시키지 못했다.

위대한 시작을 향한 첫걸음

프랑스 작가 프루스트(Marcel Proust)는 14년 동안 하루도 쉬지 않고 글을 써서 대작 『잃어버린 시간을 찾아서』를 완성했다. 그런데 그가 이렇게 오랫동안 글을 쓸 수 있었던 데는 매일 아침 한결같이 인사하는 하인 도움도 있었다고 한다.

"오늘노 위대한 글을 쓰서야 할 닐이 시작됐습니다!"

부유한 집안에서 태어나 풍요로운 생활을 했던 그는 매일 아침 이렇게 인사해달라고 하인에게 부탁했고, 매일 아침 자신이 위대한 하루를 시작할 거라는 걸 새기며 글을 썼다고 한다.

남은 하루하루가 위대한 시작이고, 오늘 하루가 큰 결과를 이루게 하는 작은 시작이다.

그러니 오늘도 시작하자.
'위대한 시작'을 위하여.

세줄일기

아직 등급은 정해지지 않았다

"저 수학 5등급인데 몇 등급까지 오를 수 있나요?"

이맘때쯤 학생들에게 이런 질문을 가장 많이 받는데, 그럴 때마다 난 감한 기분이 든다. 그 학생이 어떻게 공부하고 있는지 모르기 때문이기 도 하지만, 더 근본적인 의문이 들기 때문이다.

"정말 너는 수학 5등급일까?"

'고등학교 가면 성적이 떨어진다는데 어떡하나?' 하는 막연한 불안감 이 고등학교 입학할 때 있었을 것이다. 자사고, 특목고를 간 학생들은 그 불안감이 더 컸을 것이다. '다들 잘하는 친구들 사이에서 나는 얼마나 잘할 수 있을까?' 두려움이 컸을 것이다.

첫 시험을 보고 나면, 그 막연한 두려움이 '현실'이 된다. 어떤 학생은 생각보다 잘 나온 등급에 안도했을 것이고 어떤 학생은 생각보다 덜 나온 등급에 좌절했을 것이다.

그런데 이 '최초의 시험'은 고등학교 생활의 바로미터가 된다. 1등급을 받은 학생이 다음 학기 2등급을 받으면 '대실망'을 한다. 3등급을 받은 학생은 다음 학기 2등급을 받으면 매우 만족한다. 이렇게 자신의 바로미터가 만들어지고 그 위아래를 넘나드는 경우가 대부분이다.

그렇다면 수능 성적의 바로미터는 언제가 될까? 아마도 대부분 고3의 첫 시험 3월 모의고사라고 생각할 것이다. 그런데 가만히 생각해 보면, 3월 모의고사가 바로미터가 되기는 힘들다. 내신도 해야 하고 수행평가도 해야 하고 그러다 보면 온전히 수능에 집중하기 힘들다. 6월도 기말고사 준비와 병행을 해야 하는 상황. 결국은 1학기가 끝나야 비로소 수능에 온전히 집중할 수 있는 시간이 된다.

그러므로 "제가 5등급인데…"라는 말이 진짜인지 나는 잘 모르겠다. 아직 정확한 바로미터가 정해지지 않은 학생들이 많기 때문이다.

'5등급이 1등급이 되는 기적'은 어쩌면 원래 1등급일 수 있었는데, '이제야 제자리로 돌아가는 과정'일 수 있기 때문이다.

용기와 희망을 주기 위해서 그냥 하는 말이 아니라 지금 시작하면, 그리고 시작한다는 자세로 진지하게 집중하면 충분히 1등급까지 오를 수도 있다. 그러니 한계를 짓지 말고, 너무 급한 마음을 가지지 말고, 수능 공부에 최선을 다했으면 좋겠다. 노력하면 충분히 받을 수 있는 제 실력으로 돌아가고 있는 과정이기 때문이다.

아직 등급의 바로미터는 정해지지 않았다.

세 줄 일기

환경의 약점은 문제가 되지 않는다

페이스북은 로고부터 배경까지 온통 파란색이다. 창업자 저커버그(Mark Zuckerberg)가 적록 색맹이기 때문에 자신이 가장 잘 볼 수 있는 색으로 디자인했기 때문이다.

그가 페이스북을 처음 만들 때의 열정은 그 어떤 것도 장애물이 되지 않았다. 여러 색에 주의를 빼앗기기보다 자기가 볼 수 있는 파란색에 더 몰입할 수밖에 없는 것을 좋아했다.

가끔 공부 시간이 적을 수밖에 없는 학교를 다니거나, 가정환경 때문에 공부하기 어려운 학생들의 하소연을 듣는다. 사실 그런 문제는 적극적인 열정만 있다면 아무런 걸림돌이 되지 않는다. 열정이 없는 학생에게는 시계의 초침 소리마저 천둥소리로 들리고, 옆 좌석에서 펜으로 눌

러쓰는 진동도 지진처럼 느낄 것이다.

  하지만 가야 할 길에 대한 열정이 있는 학생은 어두운 조명 속에서도 책의 활자가 빛날 것이고, 공사장의 굉음도 합격을 부르는 환호성으로 들릴 것이다.

열정을 가지고 하루를 시작하자.

세줄일기

아무리 생각해도
공부가 제일 쉬운 길이다

1

프로게이머였던 학생을 상담한 적이 있었다. 그 학생은 고등학교 입학할 때 연봉이 1억 정도 되었고 회사에서 아파트도 제공 받았다고 했다. 그런데 왜 그만두었냐고 물어보니, 터널 증후군이 너무 심해서 더 이상 일을 할 수 없게 되었다고 했다. 게임을 '일'이라고 말하는 학생이 처음이어서 신기했다. 다시 돌아가고 싶냐 물었더니 전혀 그럴 마음이 들지 않는다고 했다. 터널 증후군이 생겼을 때 극심한 두려움에 시달렸고, 계속 패하게 되자 머리털까지 심하게 빠져 자신의 모습을 거울로 보는 것이 너무도 끔찍했다고 한다. 나는 깜짝 놀랐다. 누구는 평생 게임만 하면서 살고 싶다고 하는데, 게임 때문에 사춘기 소년이 탈모를 걱정할 정도까지 되다니.

2

피겨스케이팅을 하다가 다리를 다쳐 공부를 할 수밖에 없는 학생을 만났는데, 그는 대뜸 "공부가 정말 제일 쉽더라고요."라고 했다. 국가대표가 되기 위해 한 달 동안 꾸역꾸역 닭고기만 먹은 적이 있었다고 했다. 먹다가 토할 것 같아 숨겼는데, 발각되어 벌로 트랙을 수십 바퀴 돌다가 쓰러진 적도 있었다고 한다.

3

펜싱을 하다가 그만둔 학생은 이렇게 말했다. "전국에서 16등에 들어야 상비군에라도 들어요." 그런데 저는 항상 17등 언저리였죠.

공부는 전국에서 16등에 들지 않아도 된다. 잠잘 것 다 자고 먹고 싶은 것 다 먹으면서 공부해서 상위 10% 정도만 들어도 어느 정도 먹고살 만하게 만들어준다. 이 얼마나 감사한 일인가.

확률상 공부가 쉬운 길이나.
쉬운 길을 가자.

세줄일기

너의 미래만 생각하라

매년 많은 브라질 청소년이 기차 지붕에서 강물로 뛰어내리다 죽는다고 한다. 그런 짓을 하는 이유는 '다른 친구들의 시선' 때문이란다. 친구들이 의식처럼 행하고, 그걸 해낸 친구들이 으스대는 것을 보면서 자신도 해야만 무리에 낄 수 있다고 생각했을 것이다.

가끔 인간이 어리석은 행동을 할 때는 주위 사람들의 영향인 경우가 많다. 사실 남을 의식하는 것은 인간보다는 짐승들의 세계에서 더 두드러지게 나타난다. 원숭이들은 무리의 누군가가 어떤 행동을 하면 모두 따라 한다. 오리나 기러기, 사슴 등도 마찬가지다. 그런데 두뇌가 발달할수록 다른 개체의 행동을 모방하기보다는 그로 인해 벌어질 자신의 미래를 생각하면서 행동한다.

짐승과 다른 인간으로서 성공하고 싶으면, 타인을 보지 말고 오로지
자신의 미래만 생각할 것.

이런 생각으로 하루하루 지내다 보면
친구를 따라 어처구니없는 일을 하지는 않을 것이다.

세줄일기

너의 이름은

상담한 학생 중에 정말 이름이 특이한 아이가 있었다. 실례를 무릅쓰고, 누가 어떤 이유로 그 이름을 지었냐고 물어보았다.

태어나고부터 고아였던 그 학생은 충청도 어느 보육원에서 자랐는데, 보육원 원장이 이름 짓기도 귀찮아 물건 이름을 그냥 이름으로 지어주었다고 했다. 그런 무심한 보육원장이니 아이들을 냉엄히 학대하고 방치했을 것이다. 아이는 원장에게 대들었다가 결국 남쪽의 다른 보육원으로 가게 되었다.

전학 간 중학교에서도 높은 서열에 올라야 고아라고 무시당하지 않을 거라는 생각에 매일 싸움을 했다. 어느 날, 학교에서 마음에 들지 않아 흠씬 두들겨 팬 아이가 기절해서 병원에 입원을 했다. 그런데 그 애 부모가 지역 유지여서 학교뿐만 아니라 보육원도 발칵 뒤집혔다. 보육원 원장도, 학교 선생님도 다들 가서 사과를 하라고, 그러지 않으면 보육원에서도 지낼 수 없다고 했다. 그래서 어쩔 수 없이 입원실로 찾아가 거짓으로 눈물을 흘리며 무릎 꿇고 사과했더니, 의외로 쉽게 용서를 하며 그 애 아빠는 냉랭히 말했다.

"너는 아무에게도 관심을 받지 못하고 살아왔고, 앞으로도 평생 그렇게 살 거다. 그게 네가 받을 가장 큰 벌이다. 그만 가봐라."

다행히 잘 넘어갔다고 생각하고 실실 웃으며 돌아왔는데, 그 애 아빠의 말이 내내 머리에 남았다. '사람에게 관심을 받는다는 것, 그게 뭐라고….' '고아라고 관심 가져주면 싫은데, 그게 뭐라고….'

그러다 문득 관심을 받고 싶다는 생각을 했고, 어른들은 공부 잘하는 아이에게 관심을 많이 준다는 것을 알았다. 그래서 공부하는 모습을 보이니 선생님이, 친구들이, 보육원 원장까지도 관심을 가져주기 시작했다. 그렇게 공부를 시작한 후 계속 성적이 올라 고3 때는 드디어 전교 1등까지 했다.

상담을 끝내고 이름을 고칠 생각이 없냐고 하자 그 학생은 이렇게 말했다.

"예전에는 이 이름이 죽기보다 싫었는데, 지금은 저를 보면 누구든 기억해 줘서 아주 좋아요."

이듬해 그 애는 서울대학교에 입학했다. 입학생 중 가장 특이한 이름이었을 것이다. 나도 그 아이의 이름은 평생 잊지 못할 것이다.

혹시 지금은 이름을 바꿨을지도 모르겠다.
이제는 누구도 그 애를 무관심하게
보지 않을 테니 말이다.

세줄일기

너는 국가대표다

국가대표는 전 국민의 관심을 받는다. 중요한 경기는 모든 사람들이 응원하고 뉴스에서도 중요하게 보도해준다.

수능 날도 마찬가지다. 뉴스도 온통 수능 이야기이고, 늦은 수험생은 경찰이 직접 시험장까지 태워다주고, 시험장 입구에 모여 있는 사람들이 응원도 해준다.

그렇다. 넌 국가대표다.

국가대표는 큰 시합에 약하다고 하지 않는다. 연습 때는 잘하는데 본게임에선 긴장돼서 못한다고 하지 않는다. 큰 시합을 위해서 극한까지 자신을 몰아붙이며 연습하기 때문이다.

국가대표는 두렵고 떨리고 포기하고 싶다고 하지 않는다. 가족의 응원을 받고 나라를 대표해 당당하게 나서기 위해 다짐을 한다. 국가대표는 경기장에 울려 퍼지는 애국가를 들으며 자신을 응원하는 사람들을 바라보며 힘을 얻는다. 수많은 팬의 응원을 항상 감사해한다.

널 응원하는 함성소리를 잊지 말았으면 좋겠다. 최선을 다하는 모습을 보기 위해 국가대표인 너를 부모님이, 선생님이, 친구가 응원한다.

"최선을 다하겠습니다."
"끝까지 싸우겠습니다."
"최고의 결과를 만들어내겠습니다."
"감동과 희망을 선사하겠습니다."

국가대표들이 자주 하는 말이다.

세줄일기

디테일하게 파고들어라

공부를 해본 학생이라면 '실력이 계단식으로 오른다'는 것을 잘 알고 있다. 그런데 왜 실력이 계단식으로 성장하는지는 잘 모르는 것 같다.

잘 이해되지 않는 영역은 어떻게, 어디서부터 시작해야 할지 잘 모르는 경우가 많다. 그런 막막함 때문에 공부하기가 싫어진다. 계단식으로 실력이 는다는 것은 어느 날 갑자기 취약한 부분을 알게 된다는 것이 아니라, 처음에는 파고들어도 감조차 잡히지 않다가, 자꾸 파고들다 보면 원리를 알게 되고 문제를 수월하게 풀게 되는 단계에 이른다. 그러면 더 이상 등급이 떨어지지 않고 지속적으로 그 성적을 유지할 수 있게 된다.

중요한 것은, '파고드는' 노력이다. 지금 시간이 얼마 남지 않았다고 대충 훑어보고 끝내면 결코 계단을 오를 수 없다. 시간이 더 걸리더라도 집요하게 파고들어야 한 계단을 더 오를 수 있다. 수능이 가까워질수록 많은 학생들이 더 많은 문제를 풀고, 더 많은 양을 공부하려고 한다. 그러나 이런 방식은 성적 유지에는 도움이 되지만, 결코 성적을 급성장시킬 수는 없다.

실력이 계단식 성장하는 유일한 길은
'디테일하게 파고드는 것'이다.

세줄일기

상상력이 좋아야 공부도 잘한다

인간과 동물의 뇌를 구분할 때, 가장 많이 거론되는 것이 전전두엽이다. 본능을 억제하고 복잡한 사고들을 정리하는 기능을 담당하는 전전두엽은 '상상력'과 관련한 기능도 담당한다. 외부 자극을 받아들여 다양한 방식으로 조합하여 새로운 아이디어를 만들고, 경험과 지식을 활용하여 새로운 상상을 만들어내기도 한다.

"저 친구, 머리는 좋은데 노력을 안 한다."라는 말을 들을 때마다, 나는 '머리가 좋은데, 공부를 안 할 리가 있나?'라는 생각이 든다. 머리가 좋다면, 공부를 해야 성적이 오른다는 사실을 모를 리가 없지 않을까? 머리가 좋은 사람은 상상력이 풍부하다. 인간이 짐승과는 달리 다이어트를 할 수 있는 것도, 이 '상상력' 때문이다. 짐승은 미래의 자신을 상상

할 수 없지만, 인간은 자신의 미래를 상상하며 먹는 본능을 억제할 수
있다.

그러나 머리가 나쁜 사람은 미래의 자신을 상상하는 능력이 떨어진
다. 머리가 좋은 학생은 굳이 경험하지 않아도 재수, 삼수가 얼마나 아
픈 것인가를 안다. 그래서 그리 되지 않으려고 열심히 노력을 한다. '공
부를 해야 성적이 오른다'는 것 또한 안다. 가고 싶은 대학을 가기 위해
서는 공부를 해야 한다는 사실을 안다.

똑똑해야 공부도 잘한다.

세줄일기

높은 확률에 베팅하라

부정적인 생각을 많이 하는 사람들은 '운칠기삼(運七技三)'을 말하곤 한다. 모든 일은 운이 70%이고 노력과 재주가 30%라는 말이다.

실제로 열심히 공부한 학생이 떨어지는 경우를 종종 본 적이 있다. 그리고 열심히 공부하지 않은 학생이 운 좋게 합격하는 경우도 있다. 그런데 확률적으로만 보면, 열심히 공부한 학생이 합격할 확률이 월등히 높다. 매일 로또를 사며 행운만 바라는 사람과 매일 열심히 일하는 사람 중에서 누가 더 행복한 삶을 살 확률이 높을까?

자신의 부족한 노력을 합리화하는 '낮은 확률'에 귀 기울이지 말고 모든 이가 알고 있고 네 자신도 알고 있는 '높은 확률'에 베팅해야 한다.

부지런한 사람이 성공할 확률에 대한 벤자민 프랭클린(Benjamin Frank-
lin)의 말이다.

"부지런한 사람의 집에는 가난이 잠시 들여다보지만,

감히 집 안으로 들어오지 못한다."

세줄일기

너의 길을 가라 4

홀로 행하고 게으르지 말며
비난과 칭찬에도 흔들리지 말라.
소리에 놀라지 않는 사자처럼
그물에 걸리지 않는 바람처럼
진흙에 더럽히지 않는 연꽃처럼

무소의 뿔처럼 혼자서 가라.

— 『숫타니파타』

원인을 바꿔야 결과도 바뀐다

수능이 가까워질수록 학생들은 결과를 바꾸려는 성향이 커진다. 그런데 결과를 바꾸는 것은 매우 어려운 일이다. 유리잔을 던지고 깨진 유리 조각을 모으는 것보다 던지지 않는 것이 현명하다. 너무나 당연하다.

공부를 못하는 학생들은 틀린 문제가 있으면 먼저 해설을 찾아보고, 왜 그게 답인지 이해한다. 꼼꼼한 학생이라면 오답노트까지 만들기도 한다. 그러나 그렇게 한다고 해서 다음에 틀리지 않는 것은 아니다. 똑같은 문제가 출제될 리가 없기 때문이다. 결국 그 문제를 틀리게 하는 것은 틀린 방향으로 생각하는 '뇌 구조'가 문제다. 그러니 애초부터 정답을 이해하려 애쓰기보다 틀리지 않도록 뇌 구조를 바꾸는 것이 우선이다.

공부를 잘하는 학생들은 문제를 틀려도 "어? 이게 왜 답이 아니지?"
가 아니라 "어디서 잘못해서 틀렸지?"라고 말한다. 답을 이해하려고 하
기보다는 자신이 어디에서 계산 실수를 했는지, 고집을 부렸는지를 찾
아내려 노력한다. 그렇게 하면 그 문제뿐만 아니라 유사한 문제들이 나
와도 틀리지 않게 된다.

원인을 바꿔야 결과가 달라진다.

세줄일기

수능 망치면 어떡하지?

"수능 망치면 어떻게 하지?"

당연히 몹시 괴롭고 슬프겠지.

그때 슬퍼해도 될 일을,
오늘, 지금, 미리 걱정할 필요가 있을까?
지금 걱정한다고 성적이 더 잘 나올 것도 아니잖아.

벌써부터 수능 망칠 걸 두려워하지 말고,
오늘 하루를 망칠 걸 두려워해라.

세줄일기

수능 날까지 건강을 유지하는 법

네 몸이 가장 좋아하는 것은 '예측 가능한 행동'이다.

갑자기 많이 먹거나,

갑자기 잠을 자지 않으면,

몸은 예측 불가능한 행동에 여러 가지 대비를 한다.

지방을 축적하거나, 몸을 나른하게 만든다.

수능 날까지 건강을 유지하길 원한다면,

운동도 필요 없고 보약도 필요 없다.

규칙적으로 공부하기만 하면 된다.

세줄일기

세상을 뒤엎을 시간은 충분하다

이혼하고 딸을 홀로 키우면서 빈곤에 시달렸던 조앤 롤링(Joan K. Rowling)은 에든버러의 작은 골방에서 하루에 몇 시간씩 글을 썼다. 자신이 겪었던 어려움과 외로움을 바탕으로 한 아이의 모험담을 글로 썼다. 이것이 바로 『해리포터』다.

수능까지 남은 시간이 없는 것이 아니다.
마음의 골방에 틀어박혀 두려움에 떨고 있을 시간이 없는 것이다.

아무리 힘들고 암담한 마음이 들어도, 그 바닥을 딛고 일어설 의지만 있다면.

세줄일기

너의 길을 가라

라인홀트 메쓰너(Reinhold Messner)는 히말라야 8천 미터 14좌 봉우리를 모두 등정한 최초의 산악인이다. 그는 1984년 동생과 각기 다른 루트로 낭가 파르밧을 등정하고 하산했지만 동생은 실종되었고, 동생을 내버려두고 혼자 하산했다고 주장하는 사람들에 의해 동생 살해 혐의로 재판정에 서게 되었다. 그는 법정 안팎에서 쏟아지는 비난에 한마디도 하지 않았고 무죄판결을 받았다. 15년이 흐른 후 출간한 자서전 『내 안의 사막, 고비를 건너다』에서 그는 그때의 심경을 밝혔다.

"많은 사람이 비난하고, 욕하고, 심지어는 단죄까지 하려 했지만, 그때 내게는 그들의 어떤 말도 들리지 않았다. 그 일에 대해서 가장 슬픈 사람은 나였고, 동생을 잃은 슬픔에 그 어떤 것도 보이지도 들리지도 않았기 때문이다."

그렇게 그는 묵묵히 동생의 죽음을 가슴에 안고 산으로 가서 세계 최초로 히말라야 14좌를 완등했다. 그에게 중요한 것은 타인의 비난이 아니라 동생을 사랑하는 마음이었고, 그에게 남은 길은 나머지 히말라야 8천 미터 봉우리들을 오르는 것이었다. 만약 쏟아지는 비난을 신경 쓰며 살았다면, 그는 폐인으로 인생을 마감했을지도 모른다.

누가 뭐라 하든, 냉철하게 판단하고
성실하게 인생을 살아라.
누가 뭐라 하든, 너의 길을 가라.

세줄일기

인생이 공부고 공부가 인생이다

좋은 대학을 나온 사람이 다 잘사는 것은 아니지만, 대체로 잘산다.

그 이유는 공부를 하면서 배우게 되는 것이 지식만은 아니기 때문이다.

배우려는 열정, 목표에 이르기까지의 인내 같은 것은 지금 배워두면 앞으로 평생 잘살 수 있는 토대가 된다.

늙어서 만 원을 갖는 것은 그날 한 끼 식사를 할 돈을 가지고 있다는 의미지만, 젊어서 만 원을 갖는 것은 앞으로 그 돈을 불릴 가능성을 가지고 있다는 것이다.

좋은 대학을 가기 위해 공부를 해야겠지만

훌륭한 인생을 살기 위해서라도

지금 공부를 열심히 해야만 한다.

세줄일기

한걸같음, 쉬운듯하나 가장 힘든 일

칸트(Immanuel Kant)는 매일 같은 시간 산책을 했다. 비가 오나 눈이 오나 같은 시간에 산책했기 때문에 마을 사람들은 그가 산책하는 걸 보고 시계를 맞췄다고 한다.

이 이야기를 해줬더니, 한 학생은 매일 새벽 2시까지 독서실에서 공부하기로 결심하고, 단 하루도 빠트리지 않고 실행했다. 심지어 친구 아버지가 돌아가신 날에도 당장 가지 않고, 새벽 2시까지 독서실에 있다가 택시를 타고 가서 밤새 친구와 함께 있어 주었다. 밤을 새워 몹시 피곤한 그 다음날도 예외 없이 새벽 2시까지 독서실에서 공부를 했다.

수능 날 저녁, 그 학생이 내게 전화를 해서 "답을 맞춰봤더니 다 맞았

다"고 했다. 전국 수석이었다. 덤덤한 말투에 놀랐지만, 그의 다음 말에
더 놀랐다. 수능이 끝난 날인데도 독서실에 있다는 것이다.

"다 끝났는데 왜 거기에 있니?"
"이렇게 있지 않으면 마음이 너무 불안해서 왔는데, 이제 수능도 끝났
으니 조금씩 일찍 집에 가는 훈련을 해야겠어요."

새벽 2시까지 독서실에서 자리를 지키는 것은 어렵지 않은 일 같다.
그런데 '하루도 빠트리지 않고' 그렇게 하는 것은 매우 어려운 일이다. 오
늘부터 하루도 빠트리지 않고 할 일을 한 가지 정하고 실행한다면, 정말
어려운 일을 해내는 셈이 될 것이다.

쉽지만 꼭 지켜야 할 한 가지를
결심하고 실행해 보자.

세 줄 일기

쉽게 절망을 말하지 마라

10년 전 외고를 다니는 학생과 상담을 했다.

내신이 좋아서 서울대도 갈 수 있을 것 같았다. 그런데 텝스 성적이 없어서 시험을 보라고 했다. 그때만 해도 텝스 900점 이상이나 토플 110점 이상 등 영어 성적이 '비교과'로 있어야 외고 학생들이 서울대학교 상위권 학과에 합격할 수 있었다.

그런데 그 학생이 잠시 쭈뼛거리더니, "텝스를 안 보면 안 될까요?"라고 했다. 학생의 내신 성적을 보니 텝스를 보면 그 정도 점수는 충분히 나올 것 같아서, 웬만하면 시험을 보라고 했다. 예상대로 900점이 넘는 성적을 받았다고 연락이 왔다. "거봐라, 그 정도는 나올 줄 알았다." 하고 전화를 끊었다. 얼마 뒤, 다시 연락이 오는데, 자기소개서에 힘들었던 이야기를 써도 되냐고 묻는 것이었다. 기껏해야 성적이 떨어진 정도의 애기겠거니 했는데, 듣다 보니 깜짝 놀랐다.

고1 때 아버지가 파산을 하여 친척 집에 얹혀살게 되었고, 고2 때는 다리를 다쳐 장애 판정을 받았으며, 고3 올라와서는 한쪽 귀에 난청이 생겼다고 한다. 텝스 시험을 안 보겠다고 한 것도, 한쪽 귀가 멀어 듣기 시험이 자신 없었기 때문이라고 했다.

"이런 건 다 괜찮은데, 뛰지 못해서 축구를 할 수 없는 게 제일 힘들어요. 친구들과 축구하고 나면 정말 스트레스가 확 풀렸는데." 이런 얘기를 해맑게 하는 학생에게 나는 감동하지 않을 수 없었다. "아니 이런 상황인데, 어떻게 다 이겨내고 이렇게 밝게 살았니? 상위권을 유지한 것도 정말 대단하다."라고 했더니, 다 아버지 때문이라고 했다.

파산해서 집기들이 다 나가고 텅 빈 집마저 비워줘야 하는 날 저녁, 아비지가 손을 꼭 잡고는 "세상에 가장 큰 절망은 네가 포기하는 거다. 스스로 포기하지 않으면 아직까지 절망이 아니야."라고 말씀하셨단다.

아버지의 말처럼, 다리를 절고 귀머거리가 되어도 절망하지 않았더니 정말 아무 일도 아닌 것처럼 다 지나가더라는 것이다.

그해 그 학생은 서울대학교 최상위학과에 진학했다.

스스로 포기하지 않으면

세상에 절망이란 없다.

세줄일기

상상하고 또 상상하라

미국 뉴저지의 가난한 집에서 태어난 도로시아 랭(Dorothea Lange)은 7살 때 소아마비에 걸렸고 아버지를 떠나보냈다. 뉴욕으로 이사 온 후 스티글리츠(Alfred Stieglitz)의 사진전이 열린 곳을 지나다가 사진작가가 되기를 꿈꿨지만, 사진기를 살 돈이 없어 머릿속으로만 사진기 셔터를 눌렀다. 그렇게 머릿속으로 수만 번 사진을 찍던 랭이 사진기를 사게 되자 곧바로 누구보다도 사진을 잘 찍을 수 있었고, 역사에 님을 사진들을 남겼다.

막연한 불안감을 느끼는 학생들에게 수능을 잘 볼 수 있는 방법을 이야기할 때마다 도로시아 랭의 사진 배우기를 예로 들곤 한다. 수능을 잘 보는 장면을 여러 번 상상하면 그 불안감이 사라지고, 실제로 처음 들어

간 수능 시험장에서도 능숙하고 편안하게 자기 실력을 모두 발휘할 수
있을 것이다

수능을 잘 보는 장면을 사진기로 찍어낸 것처럼
머릿속으로 계속 그려라.
그러면 수능을 잘 보게 될 것이다.

세줄일기

노동과 공부

해도 해도 성적이 잘 오르지 않는 과목은 '공부가 아니라 노동'을 하고 있을 확률이 높다. 많은 시간과 노력을 쏟아 부어도 '노동'을 하고 있다면 성적은 결코 오르기 힘들다.

성적이 잘 나오지 않는 과목은 공부하기가 싫다. 그래서 공부를 하지 않으면 성적은 더 나오지 않는다. 계속 성적이 나오지 않으니 당연히 더 공부하기가 싫다…. 이런 악순환 속에서 '공부'는 '노동'으로 변해버린다.

인간이 가장 많은 에너지를 쏟는 것이 노동이다.

게임을 좋아하는 학생은 밤새 게임을 해도 피곤하지 않고, 드라마를 좋아하는 학생은 12시간 동안 내리 드라마를 볼 수도 있다. 하지만 강제로 하라고 하면 누구도 밤새 게임을 하기가 힘들다. 드라마 보기도 마찬가지다. 그래서 노동을 하는 과목은 성적이 오르지도 않고, 에너지도 많이 쓰게 된다. 공부를 하면서 '체력이 달린다'는 학생들은 대부분 노동을 하는 학생들이다.

내가 지금 노동을 하는지, 공부를 하는지 쉽게 판별할 수 있는 방법이 있다. 화장실을 갈 때나 밥을 먹으면서 그 과목을 공부할 수 있는가를 생각해 보면 된다. 에너지를 적게 쓰는 공부는 언제 어디서든 가볍게 할 수 있다. 그러나 에너지를 많이 쓰는 공부는 온 세상이 조용해야 하고, 책상의 밝기도 적당해야 하며, 옆에서 볼펜 굴리는 소리조차 나지 않아야 한다. 게다가 최적의 상황에서도 졸리다. '강제노역'을 하며 엄청난 에너지를 쓰고 있기 때문이다.

만약 지금 성적이 오르지 않는 과목이 있으면 더 열심히, 더 강제적으로 공부하지 말고 더 가볍게, 더 깊은 호기심으로 들여다볼 여유를 가졌으면 좋겠다. 어려운 지문을 힘들게 해석해내고, 어려운 수학 문제를 긴 시간에 걸쳐 풀어내고, 밥 먹으면서도 문제에 골똘히 생각하는 시간이 있어야 노동과 노역에서 벗어나 비약적인 성장이 가능하다.

수능이 두 달도 남지 않았는데, 무슨 한가한 소리냐고?
네가 잘하는 과목은 어땠는지 비교해 봐라.

노동을 공부하는 즐거움으로
바꿀 시간은 아직도 충분하다.

세줄일기

긍정의 힘 **5**

"내일 지구가 멸망해도 나는 오늘 사과나무를 심겠다."

불확실한 미래에 대해 걱정하고 낙담하기보다
현재에 집중하고 의미 있는 삶을 살아갈 것이다.

지금 네 모습은 누군가에는 꿈이다

내가 아마존 정글 탐험을 갔을 때 이야기다.

아마존 원주민 출신 가이드 알렉스는 매우 친절하게 안내했다. 정글 속에서 밤에 모닥불을 피우고 잤는데, 알렉스는 노래도 하고, 자신이 살아온 이야기도 했다. 10명의 형제 중 다섯은 어려서 말라리아로 죽고, 나머지 다섯은 옥수수를 재배하며 정글에서 살았는데, 핸드폰, TV 등 신문물이 보드를 타고 온 상인들에 의해 보급되고 원주민 생활이 피폐해졌다고 한다.

옥수수만 재배해서도 먹고살 만했지만, 핸드폰을 쓰게 되면서 1년 동안 재배한 옥수수를 통신료로 다 내게 되는 일도 있었고, TV를 보면서 정글 밖 세상에 화려한 곳들이 많다는 것도 알게 되었다. 그래서 알렉스는 정글을 탈출해 도시로 가기로 결심했다. 처음 나온 도시에서는 할 일도, 먹을 것도 없어서 그냥 버스터미널 바닥에 굶주리며 누워 있었다.

그때 지나가던 학생이 물과 먹을 것을 주었다. 그래서 그 학생과 친구가 되었고, 영어도 배웠다. 알렉스는 아마존 정글에 대해 이야기를 해주었고 그 친구는 인터넷을 검색해 정글의 동식물들 공식 명칭을 알려주었다. 이후 친구는 대학을 갔고, 그는 가이드를 시작했다. 떠듬떠듬 영어도 하고, 동식물들을 영어로 말해주니 관광객들이 매우 좋아했다. 그의 파란만장한 이야기를 듣다가 질문을 했다.

"알렉스, 앞으로 가장 해보고 싶은 게 뭐야?"
그러자 그는 주저 없이 말했다.
"학교라는 곳에서 공부라는 것을 해보고 싶어."
"왜?"
"생각해 봐. 나는 무얼 하나 배우려면 1년이 걸리기도 하고 10년이 걸리기도 했어. 내가 아마존에서 먹을 수 있는 풀과 먹을 수 없는 풀을 배우는데도 몇 년이 걸렸어. 그런데 학교라는 곳에서는 편안히 앉아서 10년 걸려 배울 걸 단 몇십 분 만에 알려준다고 하더라고. 그러니 내가 얼마나 가고 싶겠어?"

세줄일기

운도 생각하기 나름이다

프로그래밍을 기가 막히게 잘하는 학생이 성적이 좋지 않아 한탄을 했다.

"제가 만약 실리콘벨리에서 태어났다면, 사탐하고 국어 성적 걱정 없이 MIT를 가서 빌 게이츠(Bill Gates)가 될 수도 있지 않았을까요?"

미국 대학도 몇 과목만 잘한다고 무조건 뽑아주지 않고, 빌 게이츠도 프로그래밍만 잘해서 하버드에 들어간 것이 아니다. 스티브 잡스(Steve Jobs)는 IT 분야가 아니라 철학을 공부했고, 휴렛 팩커드(HP) 최초의 여성 CEO였던 피오리나(Carly Fiorina) 회장도 사학과 철학을 전공했다. 어디에서 태어났고, 어떤 제도 하에서 컸는가를 결정하는 운도 객관적인 환경보다는 스스로 생각하기에 달려 있다.

몇 년 전 상담했던 한 학생은 이렇게 말했다.

"저는 운 때를 타고난 거 같아요. 저는 머리가 안 좋은데, 수능은 객관식 문제를 푸는 거라 저한테 딱 맞아요."

사실 그 학생은 머리가 나쁜 학생도 아니었다. 어쨌든 그런 생각으로 열심히 공부해서 서울대학교에 입학했다. 몇 년 후 부모님의 경제 상황이 어려워져서 입대하게 됐다며 인사하러 와서도 이렇게 이야기했다.

"저는 정말 운 때를 타고난 거 같아요. 고3 때였으면 정말 끔찍했을 거예요."

그렇게 그는 군 생활도 즐겁게 긍정적으로 잘했다.

잘 생각해 보면, 지금의 학생들은 모두 운 때를 타고났다. 학력고사 세대들은 시험 한 번 보고 그 점수로 한 대학에만 지원해야 했다. 그런데 지금은 무려 아홉 번의 기회가 주어진다. 수시 6회, 정시 3회. 자기소개서도 폐지되어 공부할 시간을 늘려준 것도 행운이다.

어떤가?

운도 생각하기 나름이다.

세줄일기

니도 알고 있다

유튜브 보고 게임도 하며 스트레스를 푸는 게 좋다는 학생들이 있다.

그런데 유튜브나 게임도 스트레스 해소용이 아니라 돈을 벌기 위해서 만들어졌다는 걸 분명히 알아야 한다. 너는 잠깐 동영상을 보고 게임을 하며 머리를 식히고 다시 공부하겠다고 하지만, 그걸 만든 사람들은 너를 유튜브와 게임에 잡아두려고 최고의 연봉을 받으며 하루 8시간 이상 머리를 싸매며 궁리한다. 네가 하루 종일 게임을 하지 않거나 유튜브를 보지 않게 되면, 그들은 능력 부족으로 해고된다. 너는 '가볍게' 유튜브를 보고 게임을 한다고 하지만, 그들은 자기 밥줄을 걸고 너를 하루 종일 붙들어두려고 노력하는 것이다.

아무리 의지력이 강하고 절제력이 대단하더라도 너는 결코 그들을 이길 수 없다. 새삼 말하지 않아도 이미 숱한 경험들로 충분히 알고 있지 않은가?

그러니 이제 그만해라.

세줄일기

선택이 결과를 만든다

아리스토텔레스가 자신의 사상을 집대성한 책을 낸다고 하자 알렉산더 대왕이 편지를 보냈다. "스승이시여, 만약 그 책을 내신다면 세상에 수많은 알렉산더가 탄생할 것입니다."

그러자 아리스토텔레스는 이런 답신을 보냈다.

"대왕이시여, 걱정하지 마시오. 이 책을 읽고 어떤 이는 제왕이 될 것이고, 어떤 이는 거지가 될 것입니다."

오늘 하루는 모두에게 똑같은 24시간이지만,

어떤 이에게는 놀기 좋은 시간일 것이고

어떤 이에게는 정말 보람 있는 시간이 될 것이다.

세상은 온통 차별투성이지만, 오로지 시간과 기회는 공평하다.

오늘을 제왕의 시간으로 만들 것이냐

거지의 시간으로 만들 것이냐?

선택하라.

세줄일기

긍정의 힘

1980년대 말, 대학 선배가 며칠 밤낮을 PC와 씨름하고 있는 공대 친구에게 놀러 가서 나눈 이야기.

"도대체 뭘 만드는데 그렇게 공을 들이는 거야?"

"아, 이건 컴퓨터로 편지를 보낼 수 있게 하는 거야."

"야, 정말 컴퓨터는 별걸 다 하는구나. 정말 편리한 새로운 세상이 열리겠구나."

그러자 공대 친구는 공학에는 까막눈이지만 감탄하는 그 선배의 손을 잡았다. 교수, 선배, 친구들 모두 그럴듯한 이유로 반대만 했다며.

"언제 어디에나 펜과 종이가 있다. 필요하면 써서 간단히 우체통에 넣으면 되는데, 누가 복잡하게 컴퓨터가 있는 곳까지 가서, 부팅을 하고, 편지를 쓰고, 그걸 다시 상대편 주소를 알아서 보내겠느냐?"

"편지처럼 손으로 써서 보내는 정감이 없는데, 누가 키보드를 두들기면서 그런 따뜻한 정감을 느낄 수 있겠나?"

"편지는 우체국이 잘 전달됐는지 확인해 주는데, 이건 어떻게 믿고 편지를 보내겠냐?" 등등.

세상에 어떤 일이든 안 되는 이유는 100가지도 댈 수 있다.

"지금부터 공부하면 시간이 너무 촉박하다. 문제집의 페이지를 세어보니 하루에 200페이지 넘게 봐야 하는데 그러면 하루가 100시간이 되어야 한다."

"재수생이 들어오니 성적이 떨어진다."

"큰 시험일수록 긴장해서 잘 못 본다."

과연 그럴까? 보통 부정적인 이유를 100가지 또박또박 말하는 영리한 사람보다 한 가지 긍정적인 이유로 살아가는 바보들이 더 큰 업적을 이뤄내곤 한다.

그 선배가 내게 이렇게 말했다.

"사실 나에게도 그게 안 될 것 같은 이유는 있었어. 전원을 끄면 컴퓨터에 전기가 안 들어가는데 컴퓨터가 꺼져 있는 동안에 편지가 갈 수 없 겠다 싶었지. 하지만 말하지 않았어. 문과생인 내가 알지 못하는 무한한 세계가 있을지도 모른다는 생각이 들어서."

때로 바보 같은 긍정적인 생각이
엄청난 성공으로 이끌 수도 있다.

세줄일기

고3이라는 여행

여행이 즐거운 것은 목적지에 도착하는 것만이 목적이 아니기 때문이다. 중간에 들른 휴게소의 음식들, 차창 밖으로 보이는 풍경들, 친구들과의 끊임없는 수다…. 이 모든 것이 여행의 즐거움이고, 여행 그 자체이기도 하다.

공부의 목적이 대학이라면 지금쯤 초조하고 힘들고 괴로울 테지만,
공부의 목적이 공부하는 과정 그 자체라면 지금의 상황도 충분히 즐거울 수 있다.

밤늦게까지 공부하고 나왔을 때 느껴지는 차가운 공기와 텅 빈 거리,
집중해서 문제를 풀다가 문득 고개를 들었을 때 텅 빈 독서실의 적막,

이런 것들이 공부라는 여행을 즐겁게 하는 것이고, 공부 그 자체이기
도 하다.

지옥같이 괴로운 지금도
언젠가는 돌아가고 싶은 간절히 그리운 시절일 것이다.

그것이 온전히 지금 이 시간에
집중해야 할 이유이다.

세줄일기

두려워 마라,
온전한 하루가 있으니

이맘때쯤이면 "지금까지 해 놓은 게 하나도 없다."라며 불안해하고 초조해하는 학생이 많다.

현기영의 『지상에 숟가락 하나』라는 소설에는 "우리가 어제를 기억하는 것은 오늘 한 것의 반도 채 되지 않는다. 그제를 기억하는 것은 어제의 반도 안 된다."라는 말이 있다.

이 말처럼 기억을 무한등비수열의 합으로 본다면, 우리의 모든 기억의 총량은 하루치 반도 되지 않는 양이 된다.

기억을 이처럼 양으로 측정하는 것은 지나친 단순화이고 궤변일 수밖에 없지만, 우리가 예상 외로 많은 것들을 잊어버리고 산다는 것을 강조해주는 면은 있다.

기억하는 양이 적다고 두려워하거나 초조해하지 말아라.

하루하루 온전하게 집중한다면,

지금까지 해온 것보다 더 많은 양을 충분히 끝낼 수 있다.

온전한 하루를 보내려고 노력하자.

세줄일기

깜빡이 이야기

내가 「입시타임스」라는 무료 신문을 발행할 때의 이야기다.

어느 날 허름한 옷차림을 한 사람이 찾아와 광고를 하겠다고 했다. 작은 게임기 같은 것이었는데, 영어 단어가 나오고 몇 초 후에 그 뜻을 보여주는 것이었다. 그 당시에 10만원이 넘는 금액으로 가격도 비쌌다. 단어장 하나로도 충분한데 누가 그걸 살까 싶었지만 광고를 한다고 하니, 조용히 그러자고 했다. 그런데 팔릴 때마다 수익의 10%를 줄 테니 광고를 일단 무료로 해달라고 했다. 나는 깜짝 놀라 절대로 하지 않겠다고 하며, "아무도 사지 않을 거다." 하고 솔직히 말했다.

그런데 그 사람은 그날부터 일주일 동안 매일 회사 앞에 와서 나를 기다렸고, 심지어 화장실까지 쫓아왔다. 너무 귀찮게 해서 결국은 무료 광고를 해 주는 셈치고 광고를 2회 실어 주었다. 그는 뛸 듯이 기뻐하며 수만 대가 팔리면 수익금 10%에 더해서 회사 컴퓨터를 전부 바꿔주겠다고 했다. 하지만 내 예상은 적중했다. 단 한 개도 팔리지 않았다.

조금 안된 생각이 들어 저녁을 사주었는데, 그는 이번에는 전국의 학교를 돌겠다고 했다. 그러고는 일주일 후에 전화가 왔다. 매일 아침저녁으로 학교 앞에서 홍보를 해서 드디어 팔았다는 것이다. 몇 개를 팔았냐고 물었더니 1개, 14개 학교를 돌아서 1개 팔았다는 것이다. 이제 어쩔 거냐고 묻자, 희망을 보았으니 마저 전국을 돌며 팔겠다고 했다.

그리고 1년 후, 불현듯 그의 근황이 궁금해서 연락을 해봤더니, 제주도라고 했다. 제주도는 어쩐 일이냐고 묻자, 전국의 학교를 돌고 이제 제주도만 돌면 된다고 했다. 정말로 전국의 학교를 다 돌았냐고 했더니, 그렇다고 했다. 그렇게 판 것이 8개. 참으로 어처구니가 없었다. 그런데 그는 제주도까지 다 돌고, 그다음은 전국의 회사들을 돌 거라고 했다. 성인들이 구매력이 있으니 영어 공부하는 사람은 살 거라고. 나는 주제넘게 그에게 소리 질렀다. "제발 좀 그만하세요. 지금 이렇게 인생을 허비한 것만으로도 충분합니다!"

그리고 3년이 흘렀다. 어느 날 식당에서 TV를 보는데 그가 나와 그때의 '깜빡이 영단어' 기계를 들고 홍보를 하고 있었다. 그가 처음 저 기계를 들고 우리 회사에 왔었고 무료 광고까지 해줬다는 이야기를 해주자 친구가 놀라며 말했다. "저 깜빡이? 우리 애도 사달라고 난리야. 저거 모르는 사람 대한민국에 없어!"

TV에서 그는 깜빡이가 벌써 10만 대가 넘게 팔렸다고 홍보를 했다. 그리고 자신이 전국의 학교와 회사들을 돌며 홍보했는데, 반응이 너무 좋았다고 했다. 테스트해 본 사람들은 대부분 산다고 했다.

내가 "저거 써봤어? 정말 저게 10만 원 넘게 주고 살 만큼 쓸만해?"라고 물어보자, 친구는 써본 적이 없다고 했다. 하지만 남들이 다 가지고 있으니, 아이도 사달라고 조르는 거라고 했다.

나는 지금도 그 기계를 왜 그렇게 많은 사람들이 샀는지 이해가 가지 않는다. 그러나 한 가지는 깨달았다. 세상에 누군가 온 인생을 걸고 미친 듯이 열정을 불사르면 도저히 믿지 못할 일도 일어날 수 있다는 것을.

그래서 나는 지금도 상담을 하면서 조심한다. 지금 성적이 나빠도 열정을 가진 학생들은 큰 변화를 만들어낼 가능성이 있다는 걸 알기에. 전국의 모든 학교를 다 돌고 8개밖에 팔지 못했는데도 가능성이 충분히 있다고 했던 그의 말을 기억하면서.

세줄일기

앞으로 상상할 수 없는 일들이
펼쳐질 것이다

52일 남았다.

여기 A4용지 한 장이 있다.

이 종이를 무한정 접을 수 있다고 가정하면 그 높이가 달나라를 왕복하고도 남을 수 있다. 한 번 접는데 1초도 되지 않는 시간을 모으면 이런 놀라운 결과를 만들 수도 있다.

그러니 어디까지 네 성적이 오를지 섣불리 짐작하지 마라.

앞으로 상상할 수 없는 일들이
가능해질 수도 있는 충분한 시간이다.

세줄일기

행운은 누구에게 오는가?

뉴턴이 '사과가 떨어지는 것을 보고 만유인력을 발견했다'는 것은 사실이 아니다. 그건 뉴턴이 영감을 받았던 사례의 하나로 말한 것일 뿐이다. 실제로 그가 만유인력의 법칙을 완성한 것은 '오랜 시간 끊임없이 생각하고 연구했기 때문'이다.

사실 과학사에 나오는 많은 '우연적 발견'들은, 단순한 우연이 아니라 미친 듯한 탐구를 계속하는 중에 발견한 탈출구 하나일 뿐이다. 가끔 낮은 내신 성적으로 도저히 갈 수 없는 대학에 합격한 학생들이 있다. 말도 안 되는 수능 성적으로 최상위 대학에 합격한 학생들도 있다. 실제로 상담을 하다 보면, 이렇게 엄청난 행운을 얻은 학생들에게 보이는 공통점이 있다.

내신 성적은 낮지만 모의고사 성적이 잘 나오는 학생들이 수시에서 낮은 대학에 지원할 이유가 없어 상향 지원을 했다가 행운을 얻곤 한다. 반대로 모의고사 성적이 계속 잘 나왔다가 수능을 망친 학생들이 재수를 각오하고 상향 지원을 했다가 운 좋게 최상위 대학에 합격하는 경우도 많다. 결과적으로는 로또 당첨 같은 행운을 얻은 것처럼 보이지만 실제로는 '행운의 조건'을 갖춘 경우가 많은 것이다.

행운을 바라는 것이 나쁜 것만은 아니다. 하지만 행운은 '사과가 떨어지는 것을 보고도 만유인력을 떠올릴 만큼의 노력과 집중력'에서 온다.

행운을 얻고 싶으면
노력하고 집중하라.

세줄일기

중요한 것을 먼저 하라 6

오체투지.
두 팔꿈치, 두 무릎, 이마를 땅에 대는 불교의 기도 방식.
몸과 마음을 가장 낮추어 죄를 뉘우치고
깨달음을 얻고자 하는 강한 소망.

초조하고 불안해도 그냥 공부해라

젊었을 적 어느 날의 이야기다.

이대 앞을 지나는데 갑자기 소나기가 쏟아졌다. 그러자 사람들이 가게 처마 아래로 피해 비 오는 거리를 하염없이 바라보기 시작했다. 비는 따닥따닥 아스팔트를 후비는 듯했고, 천둥소리는 점점 거세졌다. 그때, 갑자기 한 청년이 거리로 뛰쳐나와 악을 박박 썼다.

"왜 비가 내리고 지랄이냐! 어? 뭘 잘했다고 비가 내리는 거냐고!"

청년은 하늘을 향해 주먹감자를 날리고는, 웃통을 벗어 상의를 휘휘 돌렸다.

그리고 다시 악을 박박 썼다.

사람들은 "미쳤네, 미쳤어." 손가락질하며 웃었다. 나도 그 청년의 어처구니없는 퍼포먼스를 보면서 웃었다. 그런데 갑자기 이런 생각이 들었다. '혹시 평소 내 모습이 저 청년과 같지 않을까? 그저 잠깐 동안 내 삶에 내리는 운명의 비를 원망하며 고래고래 소리를 지르고 있는 모습 말이다.'

학생들에게 똑같이 묻고 싶다. 겨우 50일밖에 남지 않았다며 마음속으로 소리 지르고 초조해하는 것이 그때 그 이대 앞의 청년과 똑같은 모습이 아닐까?

비는 내리게 되어 있다.
비가 내리면 피하면 된다.
파도는 치기 마련이다.
파도가 치면 물러서면 된다.

수능 날도 다가오게 되어 있다.

피할 수 없다면 불안해하지 말고
그냥 공부해라.

세 줄 일기

사십구재의 의미

사람이 죽으면 그 영혼이 49일 동안 저승에서 머무르며 그간 살아온 삶에 따라 다양한 영역을 통과하게 되고, 그 후에 내세에 다시 태어난다는 이야기가 있다. 이 기간은 고인을 기리는 마음으로 경건하게 보내야 하는 시기다. 마찬가지로 이제 49일이 지나면 너 또한 마치 내세에 다시 태어나는 것처럼 수험생이 아닌 대학생으로 새로운 삶을 시작하게 될 것이다.

수능까지 남은 49일은 아주 짧게 느껴질 수도 있다.

얼마 남지 않았다는 생각에 초조해질 수도 있다.

하지만 그렇게 불안과 초조로 하루하루를 보내면, 오히려 하루가 1년처럼 길게 느껴지고 49일이 49년의 지옥처럼 느껴질 수도 있다.

지금부터 남은 49일 동안 49개의 아름다운 추억을 만들어보자.

세상이 끝날 것처럼 괴로워도,

이제 더 이상 아무 희망이 없는 것처럼 보여도,

49일 뒤면 너는 희망하는 대학에 합격할 성적을 받아낼 것이다.

그리고 그 축복의 문이 열릴 때, 지금부터 만들어갈 추억 하나하나를 아름답게 회고할 수 있을 것이다.

새로운 날들을 기대하며

앞으로 나아가자.

세줄일기

희망을 가지고 전진하라

세계의 최고봉 에베레스트산에서 길을 잃어 고립된 사람은 대부분 구조되기 전에 스스로 목숨을 끊는다고 한다. 꼭대기에서 고립되고 어두운 밤이 찾아오면 온갖 두려움이 몰려온다. 보통 사방이 칠흑처럼 어두울 거라 예상하지만 에베레스트의 밤은 예상과는 조금 다르다고 한다. 달빛과 별빛이 흰 눈에 반사되어 온 세상이 회색으로 보이며 작은 불빛들이 땅에서 별처럼 반짝거리는 것을 볼 수 있다.

우리가 한밤중 비행기로 도시 상공을 지나갈 때 보이는 불빛과 흡사하게 산 아래 베이스캠프가 보인다. 그런데 베이스캠프의 불빛이 보이면 오히려 세상과 완전히 단절된 자신을 깨닫게 되고, 사람들은 갑자기 옷을 벗기 시작한다고 한다. 더 이상 이 괴로움과 두려움을 견디고 싶지 않아서 옷을 다 벗고 체온을 떨어뜨려 스스로 목숨을 끊는 것이다. 그래서 에베레스트산에서는 벌거벗은 시체가 종종 발견된다고 한다. 극한의 상황에서 구조된 사람들은 대부분 '희망을 놓지 않는 것'이 최선의 비결임을 말한다.

많은 학생들이 수능이 가까워질수록 마음이 급해진다. 같은 조건에서도 당당히 대학에 합격한 수많은 선배들이 있음에도 불구하고, 왠지 자신은 영원히 고립되어 구조되지 못할 것 같은 절망감을 느낀다.

조금만 참고, 희망을 품은 채 48일을 보람 있게 보내기만 한다면 아무도 없는 에베레스트산에 고립되었다 구출되는 것만큼의 희열이 눈앞에 펼쳐질 것이다. 매년 수십만 명의 선배들이 그렇게 구출되었고, 절망에서 탈출했다.

그러니 남은 날들을 어떻게 보낼지는 간단하다.
성급하게 좌절하지 말고, 성급하게 포기하지 말고,

희망을 가지고 전진하라.

세줄일기

중요한 것을 먼저 하라

"시간은 없고, 할 일은 태산이고…. 도대체 뭐부터 할까요?"

이런 고민을 하고 있다는 건 두려움과 공포에 질려 아무것도 하지 않고 있다는 증거다. 그냥 뭐든지 해라. 그러면 그런 걱정도 없어질 것이다.

고민만 하며 멈춰 있지 말고 무엇이든 하기. 구르는 돌을 굴리는 것보다 멈춰 있는 돌을 굴리는데 에너지가 수십 배 더 든다.

그래도 뭐부터 할지 모르겠다면 이렇게 해봐라.

당장 내일 시험을 본다면, 네가 꼭 마스터하고 시험장에 들어가고 싶은 것 하나만 최선을 다해서 꼼꼼하게 보면 된다. 중요한 것 먼저 하기.

유리병에 돌멩이를 넣고 모래를 부으면 빠른 시간 내 병을 꽉 채울 수 있지만, 먼저 모래를 붓고 돌멩이를 넣으면 다 채우지 못한다.

세줄일기

오체투지의 마음으로

히말라야 산길을 걷다 오체투지를 하며 산을 넘는 한 청년을 만난 적이 있다. 오체투지는 두 무릎을 꿇고, 두 팔을 땅에 댄 다음 머리가 땅에 닿도록 절을 하는 행위를 말하는데, 그는 그렇게 한 발 두 발 걷고 나서 오체투지를 하며 두 달간 걸었다고 한다. 그의 이마에는 굳은살이 박여 있었고, 양 손바닥은 다 터져 핏덩이들이 굳어져 있었다. 처음에는 나무판자를 양손에 붙인 채 절을 했는데, 그것도 다 닳아 없어져 이제는 손바닥이 바닥에 갈리는 중이라고 했다. 무릎에 댄 가죽도 다 닳아 없어져 무르팍도 굳은살이 박여져 있었다.

오체투지 중에는 말을 하지 못해, 그 옆에서 도와주는 사람과 잠깐 이야기를 나누었다. 그는 해발 5천 미터가 넘는 히말라야의 고개를 이렇게 너덜너덜해진 몸으로 넘었다고 했다. 두어 달을 이렇게 걸었는데, 앞으로 두어 달은 더 이렇게 간다고 한다.

나는 그냥 걷기만 해도 힘든 길을 왜 이렇게 가는지 궁금해 물었더니, 그는 대수롭지 않게 대답한다. 인생의 목적이 이렇게 고행을 하는 것이라고. 그는 "인생은 결코 가벼워서는 안 되는 것"이라고 했다.

나는 학생들에게 한 번쯤 이 일화를 들려주고 싶었다.

인생은 결코 가볍지 않다.

시험을 위해서가 아니라,
삶의 진지함을 깨닫기 위해서라도
오체투지를 하듯 진지하게 걸어가자.

세줄일기

하루 한 문제만 더 맞춘다면

영화 「쇼생크 탈출」에서 주인공이 망치를 구해달라고 하자 다른 죄수가 말한다. "자그마한 손 망치로 땅굴을 파서 탈출을 하려면 수백 년은 걸리겠다." 그런데 주인공은 수백 년은 걸릴 일을 19년 만에 해냈다.

사실, 우리는 불가능하다고 생각되는 것을 과장해서 말하는 경향이 있다. 막상 해보면 생각처럼 불가능한 것도 아니고, 어쩌면 예상외로 짧은 시간 안에 해결할 수도 있다.

지금부터 평소 틀리던 유형의 문제를 매일 한 개씩만 더 맞춘다고 하면, 네 성적은 어디까지 올라갈까?

하루 한 문제만 더 맞춘다는

즐거운 상상을 멈추지 마라.

놀라운 능력을 발휘할 수 있는 날이 다가오고 있다.

세줄일기

인생의 변곡점

걷기는커녕 자신의 힘으로 글도 쓰지 못하는 스티븐 호킹(Stephen William Hawking) 박사의 인생에는 두 가지의 변곡점이 있었다. 첫 번째는 조정 선수로 활동할 만큼 건강했던 그가 근위축성측색경화증, 즉 루게릭병이 발병하여 앞으로 몇 년 정도밖에 살지 못한다는 판정을 받게 되었을 때다. 두 번째는 루게릭병으로 인해 더 이상 책을 읽을 수도, 글을 쓸 수도 없게 되었어도 어떻게든 논문을 끝까지 완성한 것이었다. 그는 이 두 가지 인생 변곡점을 거쳐 위대한 물리학자가 될 수 있었다.

누구나 인생에 변곡점이 있지만 잘 알지 못하고, 먼 훗날 살아온 인생을 되짚어볼 때쯤 그것이 변곡점이었음을 깨닫게 된다. 인생에서 가장 괴로웠던 순간이 가장 찬란한 삶으로 변하기 직전의 변곡점이 될 수도

있고, 반대로 가장 행복했던 순간이 오히려 좌절의 구렁텅이로 떨어지기
직전의 변곡점이 될 수도 있다.

만약 지금이 네 인생의 변곡점이라면,
지금의 이 변곡점에 대해 먼 훗날 자서전을 쓰게 된다면,
이렇게 적어 놓을 수 있는 사람이 되길 바란다.

"그때 시간이 얼마 남지 않았지만,
나는 포기하지 않았어.
더 힘차게 앞으로 나아갔지.
그때가 내 인생의 변곡점이었던 거야."

세 줄 일기

진짜 부자가 되는 법

『부자 아빠 가난한 아빠』의 저자 로버트 기요사키(Robert Toru Kiyo-saki)는 부자가 되는 법에 대해 이런 식으로 이야기한다. 대부분 가난한 이는 '부자가 되면 뭘 할 것인가?'에 대해서만 생각한다. 부자가 되면 요트를 사고, 집을 사고, 땅을 사겠다는 즐거운 상상 말이다. 그런데 이런 이들은 부자가 될 수 없다. 왜냐하면 이들은 '부자가 되어야만' 행복해지는 사람들이다. 달리 말하면, 지금은 부자가 아니라서 행복할 수 없는 사람들이다.

부자가 된 사람들은 부자가 되기 위한 과정 자체를 즐겼다. 지금의 노력과 헌신이 고통이 아니라 즐거움이고 이런 과정의 결과가 '부자'인 것이다. 그런데 대다수의 가난한 이들은 부자가 되기 전까지는 오로지 괴로운 과정을 견뎌야만 한다고 생각하고, 부자가 되어서야 그 괴로움에서 해방될 수 있다고 여긴다. 이런 마음가짐으로 괴로운 하루하루를 보내려면 얼마나 힘들 것이며, 또 며칠이나 버틸 수 있겠는가?

대부분의 학생이 합격한 뒤의 아름다운 날들을 꿈꾼다. 캠퍼스의 낭만과 대학의 자유로움을 만끽할 수 있는 나날을 상상한다. 그런데 그런 상상들은 대학을 가야만 이루어지는 행복이다. 그러니 지금은 오로지 고통스럽고 괴로운 나날일 뿐이다. 이런 정신 상태로 공부를 한다면 얼마나 오랫동안 버틸 수 있을까?

대학을 가는 과정에서 즐거움을 느낄 수 있다면, 조금 더 인내하고, 조금 더 노력하고, 조금 더 멀리 나아갈 수 있다.

결과만 갈망하지 말고
과정을 즐겨야 한다.

세줄일기

내가 실수한 이야기

친한 친구가 운동을 하라고 헬스장 6개월 이용권을 끊어준 적이 있었다. 나는 그때 전혀 운동할 마음이 없었지만, 그 돈이 너무 아까웠다. 매일 갈까 말까 고민하다 가지 않기도 하고, 막상 가서 운동을 하다가도 너무 피곤해 몇 분 하다가 그냥 나온 적도 있었다. 그러다 그냥 포기하고 가지 않다가, 한 달 동안 나오지 않으면 이용권이 무효가 된다는 전화를 받고 그래도 날리긴 아까우니 기간 연장이라도 하자는 생각에 헬스장을 찾았다.

마음먹고 운동할 생각도 없어서 대충 운동복으로 갈아입고 러닝머신에 올라서서 최저 속도로 맞추고 천천히 걸었다. 그 헬스장은 통유리로 되어 있는 건물 2층에 있었고, 러닝머신 아래로 거리를 걸어 다니는 사람들이 보였다. 그런데 길을 걷던 사람들이 하나둘 나를 쳐다보고 손가락질을 하기 시작했다. 조금 있다가 보니 옆에서 달리는 사람도 나를 힐 끗거리며 쳐다보았다.

'내가 너무 천천히 걸어서 그런 모양이다.' 생각하고 속도를 조금 높였다. 그래도 옆 사람들이 힐끗힐끗 나를 쳐다본다. 그제야 뭔가 이상하다 싶었는데, 마침 트레이너가 러닝머신 뒤에서 나를 부른다. 그러더니 조심스럽게 한마디를 한다. "회원님, 아무리 그래도 옷은 입고 뛰셔야죠." 아뿔싸. 운동복으로 갈아입고 뛴다는 것이 그냥 옷만 벗어놓고 맨몸으로 달리고 있었던 것이다.

가끔 시험을 보다가 어처구니없는 실수를 한다는 학생들 이야기를 듣는다. 나는 그럴 때마다 맨몸으로 러닝머신을 달렸던 그때가 떠오른다. '얼마나 운동을 하기 싫었으면 옷 갈아입는 것도 잊어버릴까?' 하기 싫거나 버거운 일을 마주하면 우리의 뇌는 마치 안전장치가 걸린 것처럼 작동이 더뎌진다. 그렇다고 계속 이렇게 회피한다면 점점 더 큰 실수만 생길 뿐이다. 사람의 뇌는 분명 어려움을 극복하는 과정을 통해 더욱 성장할 수 있는 능력을 가지고 있다. 그러니 실수에 매몰되지 마라.

'실수'에 대한 해답은 '열정'에 있다.

세줄일기

더 많은 상상을 하라

아인슈타인(Albert Einstein)은 자신의 이론 연구를 위해 상상력을 적극 활용했다고 한다. 전기적 성질을 연구할 때는 자신이 전기가 되어 불을 밝히는 과정을 상상했을지도 모른다. 이런 식으로 그는 새로운 개념을 이해하고 발전시켰고, 이를 통해 또 다른 새로운 시각을 얻었을 것이다.

너 또한 지금이 상상력을 가장 많이 발휘할 때다.

비문학의 작가가 되어보기도 하고, 수학 선생님이 되어보기도 하고, 원어민이 되어 영어 문제를 풀어보기도 해야 한다. 시험장을 상상하기도 하고, 어려운 문제가 나왔을 때 대처하는 자신을 상상하기도 해야 한다.

합격 발표 화면을 보고 뛸 듯이 기뻐하고, 전국 수석을 하여 인터뷰를 하는 장면도 상상해봐야 한다. 더 나아가 대학교에 입학하여 수업을 듣고 동아리 활동을 하는 자신도 상상해야 한다.

시험이 다가올수록 상상의 폭을 넓혀야 한다. 그러지 않으면 불안과 초조에 휩싸여 자신감 없는 하루하루를 보내기 십상이다.

열정과 의욕을 더 불태우고 싶다면,
상상하라.

세줄일기

너 자신을 믿어라　7

마야 플리세츠카야(Maya Plisetskaya).
20세기 최고의 발레리나.
80세의 나이에도 무대에 섰던 열정이
누구보다 더 빛났던 사람.

기꺼이 겨울을 예찬하라

겨울이 와야만 봄이 올 수 있다.
모든 것을 벗고 앙상한 나뭇가지가 되어야
다시 화려한 꽃을 피울 수 있다.

지금 이 순간이 겨울이라면
너는 찬란한 봄을 맞이하기 위한 시간을 보내고 있는 셈이다.
더 혹한 바람이 불어도 이겨내라.

추위가 강할수록 나무는 더 튼튼해지고
바람이 거칠수록 나무는 더 꿋꿋해진다.
기꺼이 이 추운 겨울을 감사히 여겨야 한다.

행복한 봄을 위하여
지금의 겨울을 예찬하라.

세줄일기

행복한 봄을 위하여
지금의 겨울을 예찬하라.

버려라,
가벼워야 목적지에 다다를 수 있다

여행 중에 작은 배낭 하나만 들고 다니는 영국 노인을 만난 적이 있다. 영어가 서툴러서 떠듬떠듬 대화를 나눴지만, 사하라사막을 횡단하고 고비사막도 횡단한 굉장한 모험가였다.

처음 사하라를 횡단할 때는 물과 음식은 물론 일교차에 대비한 수많은 옷, 두 켤레 이상의 신발 등 엄청난 짐을 꾸렸다. 그렇게 본인 몸무게 정도의 무거운 짐을 메고 사막을 횡단하기 시작했다.

처음에는 다양한 상황에 대처할 수 있어서, 짐은 무거웠지만 자신의 준비성을 칭찬했다. 그러나 결국 하나씩 짐을 버리기 시작했다. 먼저 무거운 신발을, 그다음 옷가지를, 나중에는 침낭까지 버렸다. 끝까지 버리지 않은 것은 물과 음식, 그리고 먼저 사하라를 횡단했던 선배가 꼭 챙기라며 주었던 손톱깎이였다.

처음에는 손톱깎이가 무슨 쓸모가 있을까 싶었는데, 손발톱을 자르는 것뿐만 아니라 예상외로 쓸모가 많았다. 추운 밤과 뜨거운 낮을 옷 한 벌로 견뎌야 하는 사막에서 두꺼운 옷의 양팔 소매를 손톱깎이로 잘라내어 밤에는 팔에 끼우고, 낮에는 조끼처럼 입고 다닐 수 있었다. 식량이 든 비닐봉지도 자르고, 모래로 범벅이 된 머리카락도 조금씩 잘라냈다. 횡단이 거의 끝날 무렵에는 선글라스의 일부분을 자르기도 했다. 1그램이라도 줄이려는 노력으로 뭐든 잘라냈는데, 나중에는 배낭에 달린 치렁치렁한 끈마저 잘라내는 자신을 보면서 놀랐다고 한다.

그는 내게 "짐이 가벼워야 목적지에 다다를 수 있다."는 당연하고도 깊은 교훈을 남겨주고 떠났다.

이제 목적지가 멀지 않다. 버릴 것은 버리고, 잘라낼 것은 잘라내자. 유튜브도 버리고, 드라마도 버리고, 게임도 버리고, 친구와의 카톡도 버리자. 근심도 잘라내고, 편히 눕고 싶은 마음도 잘라내고, 얼마 남지 않았다는 초조함도 잘라내자.

짐이 가벼워야 목적지에 다다를 수 있다.

세술일기

생각의 감옥을 부숴라

벤 손더스(Ben Saunders)는 홀로 스키를 타고 북극점에 도달했고, 남극도 걸어서 횡단한 탐험가이다.

북극은 남극과는 달리 육지가 없기 때문에 북극해의 얼어붙은 빙판 위를 걸어야 해서 차원이 다른 모험이다. 겨울에는 내내 밤이어서 앞뒤 분간도 잘 되지 않고, 당연하지만 날씨도 매우 춥다.

탐험하던 중 북극곰에게 습격당하고, 발가락에 동상이 걸리기도 한 그가 북극점에 다녀오고 나서 가장 많이 받은 질문은 "금전적 보상이 따르는 것도 아닌데 도대체 왜 이렇게 말도 안 되는 시도를 하느냐?"였다고 한다. 그는 강연에서 사진 한 장을 보여주었는데, 13살 때의 성적표였다. 우리 식으로 말하자면 '생기부'라고 할 수도 있겠다. 거기에는 이렇게 적혀 있었다.

"벤은 가치 있는 일을 할 수 있는 정신력이 부족하다."

13살의 그 아이가 커서 이렇게 말도 안 되는 시도를 했고, 당당히 성공했던 것이다. 그는 이런 도전을 통해 '무엇을 얼마만큼 성취할 수 있는가를 결정하는 사람은 자신뿐'이라고 느꼈다고 한다.

한 학생이 내게 이런 말을 한 적이 있다.
"이제 남은 시간이 얼마 없어 큰 점수 향상을 기대하기는 어려울 것 같아요."

그 생각의 감옥은 누가 만든 것인가?

일단 시도하라.
너는 예상보다 더 큰일을
할 수도 있는 사람이다.

세줄일기

단 한 번의 승리

미국의 초대 대통령 조지 워싱턴(George Washington)은 독립 전쟁 초기 연전연패했다. 그의 부대는 영국군보다 장비가 부족했고, 훈련과 전투 경험도 부족했기 때문이다.

그래서 워싱턴의 군대는 영국군이 보이기만 해도 바로 도망갈 정도였다. 그날도 당연히 후퇴를 명령할 줄 알았던 워싱턴은 오히려 적극적인 공격을 지시했고, 트렌턴(Trenton)에서 큰 승리를 거두었다. 이 단 한 번의 위대한 승리로 미국 독립 전쟁의 판도가 뒤집혔고, 그 결과 미국이라는 초강대국이 탄생되었다. 그가 결국 승리할 수 있었던 것은, 매번 패배하면서도 승리를 위한 분석을 놓치지 않았기 때문이다. 병사들은 워싱턴의 계속된 패배에 실망했지만, 그는 무수한 패배를 곱씹으며 영국군의 공격 패턴과 특성, 그리고 자신들의 장점을 하나씩 정리하고 있었다.

　수능까지 얼마 남지 않았다. 그간 어쩌면 하루하루가 패배의 연속이었을지도 모른다. 생각했던 것만큼 공부량이 많지 않았고, 진작 다 끝낼 수 있으리라 생각했던 과목도 마치 패잔병처럼 남아 있을지도 모른다. 이제라도 판도를 뒤집고 싶다면 그 패배의 날들을 잘 분석하기 바란다. 남은 시간 동안 단 한 번의 대승을 위해 그간의 실패를 분석하고, 남은 날들을 잘 계획해라.

단 한 번의 위대한 승리가

눈앞에 펼쳐질 것이다.

세줄일기

메기효과

빌 게이츠는 하버드대학을 중퇴했다. 그가 세계 최고 대학 중 하나인 하버드대학을 제 발로 떠난 이유는 마이크로소프트를 창업하기 위해서였다. 일반인이라면 '하버드 졸업장 먼저 따놓고 창업하면 되지, 왜 그래?'라고 생각하는 게 당연하다. 빌 게이츠 또한 '하버드'라는 간판이 어떤 의미를 갖고 있는지, 졸업만 하면 자신이 얼마나 편안한 길을 가게 될지 잘 알고 있었다.

"하버드를 졸업하면, IBM에 취직이 될 것이다. 높은 연봉을 받아 좋은 차를 타고 좋은 집에 살며 행복한 삶을 살게 될 것이다. 그렇다면 나는 아마도 마이크로소프트라는 회사를 절대 창업하지 않게 될 것이다."

그가 성공할 수 있었던 가장 큰 이유는 성공을 위해 스스로를 어렵고 괴로운 포지션에 둔 것이다.

노르웨이의 어부들은 정어리를 잡아서 경매시장까지 가져오는 동안 생선의 신선도가 떨어지는 문제의 해결법을 고민했다. 그래서 그들은 정어리를 잡아 수조에 넣을 때 천적인 메기 한 마리를 같이 넣는 방법을 고안했다. 메기에게 잡아먹힐 것이 두려운 정어리들은 활발히 도망을 다녔고, 그러다 보니 산 채로 시장까지 운송될 수 있게 되었다.

스스로를 어려움에 처하게 만들고, 그 어려움을 이겨내는 것이야말로 빌 게이츠가, 그리고 인류가 발전한 가장 큰 원동력이었다.

잘 것 다 자고, 놀 것 다 놀면서 강해지는 방법은
이 세상 어디에도 없다.

세줄일기

천재도 습관이 만든다

폰 노이만(John von Neumann)은 인류 역사상 가장 뛰어난 수학자 중한 명이다. 그는 분야를 가리지 않고 다양한 업적을 남겼으며, 천재적인 두뇌의 소유자임을 증명한 여러 일화도 존재한다. 하루는 누군가 그에게 수학 문제를 냈다.

"200마일 길이의 철로 양 끝에 위치한 두 기차가 시속 50마일로 날러와 서로 부딪쳤다. 이때 두 기차가 충돌할 때까지 그 사이를 파리가 시속 75마일로 왕복했는데, 이때 파리가 이동한 거리는 총 얼마일까?"

문제를 듣자마자 노이만은 150마일이라고 대답했다.
너무 쉽게 문제를 풀어내자 출제자는 놀라며 말했다.

"사람들은 이 문제를 무한급수를 이용해서 풀려고 하지만 그렇게 하면 시간이 매우 많이 걸립니다. 하지만 파리가 2시간 동안 움직인 거리를 알아내면 금방 풀리죠. 그렇게 풀어낸 거죠?" 그러자 노이만은 이렇게 대답했다.

"아뇨. 무한급수로 풀었는데요?"

보통 이맘때쯤 되면 시간이 촉박한 만큼 원리를 이해하기보다 대충 암기하고 빨리 푸는 방법을 알아내고자 애를 쓰곤 한다. 그러나 촉박할수록 난해한 문제를 끝까지 잡고 풀어내려는 노력이 필요하다. 수학 1등급을 가져가는 학생들은 전부 처음부터 그렇게 집요하게 문제를 풀어내려고 노력한 친구들이다.

국어도 마찬가지다. 시간 내 푸는 훈련만 하면 '시간 내 틀리는' 훈련만 하는 셈이 된다. 그러니 자신이 취약한 지문이나 문제를 붙들고 심도 있게 살펴보는 것이 오히려 중요하다.

진짜 천재는 타고난다고 하지만, 사실 대부분의 천재들은 '천재가 되는 습관'을 익혔기에 천재가 된 것이다.

시간이 없다고 허둥대지 말고,
차근차근, 깊이 있게 잘 정리하는 시간을 늘려야 한다.

세줄일기

너 자신을 믿어라

믿거나 말거나 이야기 하나.

맥아더(Douglas MacArthur) 장군이 한국전쟁에 참전했을 때, 포화 속에서 후퇴하지 않고 고군분투하는 국군 이등병을 만났다. 맥아더가 무슨 소원이든 들어줄 테니 얘기하라고 하자, 이등병은 이렇게 말했다.

"저에게 총탄과 무기를 주십시오. 이기기 위해서는 더 많은 총탄이 필요합니다."

"그거야 당연한 것 아닌가. 그런 것 말고 자네 다른 소원은 없는가?"

"없습니다."

그의 말에 감격한 맥아더는 부관에게 말했다.

"혼신을 다해 이 나라를 지키자. 그럴 만한 가치가 있다."

결의와 의지의 중요성을 강조하기 위해 만들어졌을 이 이야기에서 상기해야 할 것은 수능까지 남은 길도 매일매일 새롭게 의지를 굳건히 다지며 많은 노력과 희생이 필요한 과정이라는 것이다.

자신을 믿고 최선을 다한다면
그 결과는 성공일 것이다.

세줄일기

두 학생 이야기

5년 전 어느 날 3월 모의고사 성적이 비슷한 두 학생을 상담했다. 둘 다 모의고사 성적은 우수한데 내신은 높지 않아 수시를 포기하고 정시에 '올인'하자고 했다.

서울 학생은 그렇지 않아도 선배들이 정시로 많이 합격해서 자신도 그런 방향을 생각한다고 했다.

반면에 지방 학생은 정시로 합격한 선배들이 거의 없다며 수시에 몰두하겠다고 했다. 본인이 그렇게 하겠다는데, 특별히 말릴 수도 없어서 그럼 낮춰서 수시로 가면 될 터이니 그렇게 하라고 했다.

그 후 6월 모의고사에서도 두 학생 모두 준수한 성적표를 받았다.

서울 학생은 자신감이 붙어서, 매달 자신이 어떻게 공부하고 있는지 내게 보고하겠다고 했지만, 나는 굳이 그럴 필요가 없다고 했다. 솔직히 수능 공부는 자신이 열심히 하는 것이 가장 좋은 전략이라 특별히 조언할 것도 없었기 때문이다. 그랬더니 그 학생은 "답변을 안 해주셔도 괜찮으니 그냥 보고만 하고 싶습니다."라고 말했다. 그래서 그렇게 하라고 했다.

지방 학생은 우수한 성적이 나오니 오히려 조금 심각해졌다. 욕심이 나는 모양이었다. 그렇다고 수시를 포기하고 싶은 마음도 없는 듯했다. 전화로 고민을 늘어놓더니, 정시에 도전해 보겠다고 했다. 변한 학생의 모습에 오히려 내가 불안감이 들어 잘 생각해 보라고만 하고 전화를 끊었다.

이후, 서울 학생은 매달 꼬박꼬박 문자로 수학의 어떤 부분들이 해결되었고, 취약한 비문학 지문은 어느 정도로 해결이 되었는지를 알려왔다. 9월 수시 원서 접수 때에도 수능 후 면접을 보는 대학들에 상향 지원을 해놓고는 기대도 안 한다며 수능이 다가오니 수능에 더 집중하겠다고 했다.

반면에 지방 학생도 상향 지원을 했지만, 여전히 불안하다고 했다. "재수생이 많이 들어오면 성적이 떨어지는 것 아니에요?" "상향 지원을 했으니 다 떨어지면 어떡하죠?" "정말로 수능은 모의고사보다 안 나오는 거예요?" 등 온통 불안감이 가득한 문자들을 보내왔다. 나는 꼭 그런 것만도 아니라고 안심시켜 주었다.

9월 모의고사에서는 묘하게도 두 학생 모두 평행선을 그리는 것처럼 국어 성적이 조금 떨어졌다. 그런데 서울 학생은 "안 그래도 국어에서 미흡한 부분이 있었는데, 그 부분을 더 보완하겠다."는 문자를 보내왔다. 성적이 떨어졌음에도 불구하고 매우 긍정적이었다. 반대로 지방 학생에게서는 세상이 망한 것 같은 절박한 문자가 왔다. 걱정 말라며 안심시켜 주었지만, 어쩐지 저 상태로는 좋은 결과가 나오지 않을 것 같았다.

이쯤 되면 둘의 결과가 어떻게 나올 것인가 예측이 될 것이다. 서울 학생은 전국 수석에 가까운 성적으로 서울대학교 의과대학에 합격했고, 지방 학생은 그보다 훨씬 아래 대학을 정시로 갔다.

수능을 앞둔 30여 일 전, 서울 학생은 내게 "뭔가 부족한 듯해서 떨리지만, 마지막까지 완주를 하는 것으로도 충분하다."고 했고, 지방 학생은 "수시에 적절한 대학을 넣지 않은 것이 후회된다."며 매우 불안해했다. 두 학생의 성적은 똑같은 평행선을 그렸지만, 수능을 접하는 태도는 정반대였다.

나는 두 학생을 보면서 마라톤을 생각했다. 한 선수는 앞만 바라보고 달려가고 있는데, 다른 선수는 자꾸 남을 의식하고 남의 이야기에 정신이 팔려 있다면, 결과가 어떨지는 자명하다.

만약 지금 얼마 남지 않은 시기라 힘들고 괴롭다면, 마라톤을 생각했으면 좋겠다. '몇 등으로 들어올 것인가'를 생각하지 말고, '어떻게 하면 마지막까지 내 페이스대로 달려갈 수 있을까'에 집중해라. 힘들고 괴로워도 열심히 달려서 멋지게 완주하겠다는 생각을 해라. 결승점의 환희가 너를 기다리고 있을 것이다.

수능의 성공은 별로 어렵지 않다.
그저 앞만 보고 달리면 된다.

세줄일기

지금 당장 해야 할 것을 하라

I knew if I stayed around long enough, something like this would happen.

오래 살다 보면 이런 일이 생기게 마련이지.

최고의 극작가라 불리는 버나드 쇼(George Bernard Shaw)의 묘비명이다. 한국과 일본에서는 "우물쭈물하다가 내 이럴 줄 알았지."라고 오역돼서 알려졌는데, 풍자와 기지로 가득한 글로 유명했던 그였기에 이런 오역이 아직까지도 회자되곤 한다.

하지만 버나드 쇼도 작가 지망생이던 20대에는 실패를 밥 먹듯이 했다. 힘든 상황 속에서도 혼신을 다해 집필한 작품은 모두 출간 거절

통보를 받기 일쑤였다. 훗날 이런 힘든 시기를 돌아보며 그는 이렇게 말했다.

"나는 젊은 시절에 10개의 일을 하면 9개는 실패했다. 그래서 일하는 양을 10배로 늘렸다."

그에 관한 믿거나 말거나 이야기다.

심한 불안과 우울에 시달렸던 버나드 쇼는 매일 의사를 불렀다. 하루는 의사가 그의 집에 도착해서 문 앞에서 쓰러졌다. 깜짝 놀란 버나드 쇼는 얼른 의사를 부축해 침대에 눕히고 어찌할 바를 모르고 있는데, 의사가 숨을 가쁘게 몰아쉬며 왕진 가방에서 약을 꺼내달라고 했다. 물을 가져와서 얼른 약을 먹였지만 의사는 계속 숨을 헐떡거리며 인공호흡을 하라고 하고, 뭐든 가져와서 자신의 가슴에 얹어놓으라고도 했다. 버나드 쇼는 바삐 의사가 원하는 대로 해주었다.

그러자 의사는 조금씩 숨이 평온해졌고, 성경을 읽어달라고 했다. 얼마 후에 의사는 일어나 돌아가려고 가방을 챙기며, 안도의 한숨을 내쉬는 버나드 쇼에게 말했다.

"어때요? 불안증과 우울증이 사라졌죠? 당신의 병은 당장 해야 할 것을 하지 않아서 생긴 것입니다. 그래서 제가 지금 선생님의 병을 이렇게 고쳐주었습니다."

공포와 우울함에서 벗어나는 가장 좋은 방법은 '지금 당장 해야 할 것
을 하는 것'이다.

당장 책을 펴고 오늘 해야 할 것을 해라.
그 이상 좋은 해결 방법은 없다.

세줄일기

수능 한 달 전
꼭 지켜야 할 사소한 것들

첫째, 전자기기를 멀리할 것.

꼭 필요한 인터넷 강의를 볼 때를 제외하고 전자기기를 멀리하는 것이 좋다. 일단 눈에 보이거나 위치를 알면 본능적으로 손이 가기 마련이니 부모나 가족, 친구, 지인에게 부탁해 아예 찾을 수 없는 곳에 잠시 보내두는 것이 가장 좋다. 핸드폰 안 해도, 태블릿 보지 않고도 한 달쯤은 충분히 지낼 수 있다. 잠깐의 전자기기 사용은 스트레스 해소에 도움이 될지 몰라도 지금 이 시기에는 고전적 학습 방식을 고수하는 것이 생각보다 더 중요하다.

둘째, 먹고 자는 것을 조심할 것.

카페인 관련 식품을 멀리하고, 가급적 소화가 잘되는 음식을 먹어라.

먹는 것을 건강하게 조절해야 공부 효율을 유지하고 피로를 최소화할 수 있다. 자는 것도 마찬가지. 제시간에 자지 않으면 제시간에 일어날 수 없다. 겨우 제시간에 일어난다 해도 그날 하루 원활한 컨디션을 유지할 수 없으니 지금부터는 가급적 수능 날에 맞춘 수면 시간을 권장한다.

셋째, 보고 듣고 말하는 것을 줄일 것.

중독성 있는 음악은 뇌리에 남아 고도의 집중력이 요구되는 수능 독해 때 예상치도 못한 방해가 될 수 있다. 선정적인 것 또한 뇌리에 잔상이 남으니 남은 한 달은 최대한 자제해야 한다. 오랜 시간 후회하게 되는 친구나 부모에게 거친 말도 삼가야 한다.

마지막 남은 한 달의 집중이
놀랄만한 변화를 끌어낼 수도 있다.

세줄일기

부족하기 때문에 오히려 잘될 수밖에 없다

8

벤자민 프랭클린(Benjamin Franklin).
미국 100달러 지폐에 새겨진 인물. 정치인, 과학자, 발명가,
작가. 번개가 전기라는 것 증명, 피뢰침 발명, 미국 독립선언서에
서명, 초대 우정장관, 펜실베니아대학 설립, 베스트셀러 집필….
그는 매일 아침 5시에 일어나 냉수 목욕을 하고 1시간 동안
독서와 명상을 했고, 밤 10시에 잠자리에 들었다.

한 달 동안
좋은 루틴을 실천하라

전국 수석을 했던 학생들의 공통점은 본인만의 특이한 루틴이 있었다는 것이다. 매일 똑같이 무언가를 한다는 것은 그 자체로도 성실함이 엿보이는 것이기도 하지만, 다른 한편으로는 그런 반복이 심리적 동요를 막아주는 큰 역할을 하기도 한다.

지난해 선국 수석을 한 학생도 매일 아침 30분 동안은 무조건 독서를 했다고 한다. 매일 잠자기 30분 전에 일기를 썼던 학생도 있었는데, 그 일기 때문에 우울감, 두려움, 무기력증 등을 어렵지 않게 극복할 수 있었다고 한다.

30일 동안 자신에게 도움이 되는 루틴을 하나 만들어봐도 좋겠다. 예를 들어 이런 루틴은 어떨까?

1. 하루에 5분 동안 수능 시험에서 당황할 때 대처하는 상황
   그려보기.
2. 하루에 10분 정도 가벼운 운동하기.

공부에 도움이 되고
심리적 불안감을 해소할 수 있는 좋은 루틴은
끝까지 힘차게 완주할 수 있게 큰 힘을 준다.

세줄일기

모든 것이 무너진 듯한
절망감이 들지라도

67세의 에디슨(Tomas Edison)은 실험실에 불이 나 평생을 바쳐 연구한 결과가 모두 잿더미가 되어 버린 다음 날 이렇게 말했다고 한다.

"지난날의 내 과오가 이렇게 다 사라져 버렸으니 얼마나 감사한 일인가! 이제 처음부터 다시 시작할 수 있으니 얼마나 좋은 일인가!"

모든 것이 무너진 듯한 절망감이 든다면, 지금까지 유지했던 자신의 좋지 않은 습관, 나약한 생각을 다 무너뜨리고 새로운 시작을 할 기회라 생각하자. 화마에 평생의 성과를 모두 잃었지만 오히려 새로운 기회를 얻게 되었다며 감사했던 에디슨처럼 앞으로 새롭게 좋은 것들만 쌓아가겠다는 각오로 한 발 한 발 전진하자.

패배했을 때 끝나는 게 아니라
포기할 때 끝이 난다.
절대 포기하지 마라.

세줄일기

고통을 견디며
인생을 생각하라

정신과 의사이자 작가인 스콧 펙(Morgan Scott Peck)의 저서들은 인생에 대해 여러 가지 생각할 거리를 준다. 수능이 얼마 남지 않은 이 시점에서 '삶'에 대해 다시 한번 생각해 봤으면 좋겠다.

누구나 살면서 고통을 피하고 싶어 한다. 그런데 닥친 고통이 사라져도 행복해하는 사람은 거의 없다. 설사 그 고통에서 벗어나도 또 다른 고통이 다가오기 때문이다. 우리는 고통을 벗어나야만 행복을 찾을 수 있는 건 아니고, 그 고통의 의미를 배우려는 자세를 가져야 행복해지는 길로 한 걸음 더 나아갈 수 있는 걸 빨리 깨달아야 한다.

이제 28일 뒤에는 이 고통도 끝난다. 어쩌면 네가 진정으로 원하는 세계가 펼쳐질지도 모른다. 그런데 정말 원하는 것이 그것이었나? 어쩌면 지금 이 순간 고통 속에서 깨닫는 것이 더 진정한 삶의 의미일지도 모르고, 이렇게 깨달은 것들이 앞으로의 네 인생에 더 큰 양분이 될 수도 있다.

그러니 지금의 고통을 소중하게 생각하고, 진실한 모습으로 하루를 보내라.

어쩌면 이 고통이 너를 행복으로
인도하는 지름길일 수도 있다.

세줄일기

지금 이 순간

대학에 들어간 제자들이 가끔 찾아오곤 한다. 그들과 이야기를 나누다 보면 의외의 말을 듣곤 하는데, 그토록 고생을 해서 대학에 들어간 만큼 행복한 나날만 펼쳐질 줄 알았지만 오히려 지금이 더 혼란스럽다고 한다. 그들은 전부 고3 수험 시절을 포함한 고등학생 때를 그리워하고 있었다.

"무언가에 온전히 집중하는 것이 얼마나 좋은 것인지 이제야 알게 되었어요. 요즘은 도대체 내가 뭘 하고 싶은지도 잘 모르겠어요. 그래서 다시 돌아가고 싶진 않지만 공부 하나에만 몰두하던 고3 때가 가끔 그립기도 해요."

후배들이 들으면 배부른 소리라고 손사래를 치겠지만, 나도 그들의 마음이 어느 정도는 이해가 된다. 사실, 인생을 살아가며 이렇게 한 가지에만 온전히 집중할 수 있는 시기가 별로 없다. 나이가 들면 들수록 이것저것 챙겨야 할 것이 훨씬 많아지기 때문이다. 일에 집중하고 싶어도 가족이 있어 집중하기 힘들고, 어떤 목표를 이루고 싶어도 돈 문제 때문에 흔들리기도 한다. 가끔은 사사건건 훼방을 놓는 앙숙도 생긴다. 그런데 고3이라는 시기는 오로지 대입에만 집중할 수 있고, 주변 사람들 모두 집중할 수 있게 배려는 물론 응원도 해준다.

지금 이 순간이 어쩌면 인생의
가장 그리울 순간일 수도 있다.

세줄일기

입시생에게 들려주는
금도끼 은도끼 이야기

어느 날 나무꾼이 나무를 하다 도끼를 연못에 빠뜨리고 말았다. 산신령이 나타나 금도끼, 은도끼, 쇠도끼를 차례로 보여주며 "어느 것이 네 것이냐." 물었다. 정직한 나무꾼이 쇠도끼가 자기 도끼라고 하자 산신령은 크게 칭찬했다.

"네가 금도끼를 선택했다면 나는 순순히 내어 주었을 거다. 넌 그 길로 내려가 금도끼를 팔아 한순간 목돈을 만질 순 있겠지만, 그 돈은 눈 깜빡할 새 네 손가락 사이로 빠져나가 버릴 거다. 그러면 너는 나무꾼으로 땀 흘려 일하던 기쁨을 잃어버리고, 다시 일한다 해도 예전 같지 않을 것이다. 그러니 황금 도끼의 유혹을 잊고, 아래로 내려가 지금처럼 열심히 날을 갈아라."

쇠도끼를 툭 던져주고 산신령은 사라졌다. 도끼를 받아든 나무꾼은 집으로 돌아와 더욱 열심히 날을 갈며 일했고, 늘그막에는 동네에서 가장 큰 부자가 되었다.

얼마 남지 않은 시간, 초조해하지 말고 내가 부족한 부분을 찾아내어 열심히 가다듬고 파고들어라. 황금 도끼보다 훨씬 더 좋은 '실력'이라는 도끼를 얻게 될 것이다.

노력 없이 얻는 대가는 없다.

세줄일기

기쁨을 준비하라

대학에 합격하면 뛸 듯이 기쁠 것이다. 원하던 곳에 가고, 원하던 것을 질리도록 할 것이다. 이 시간이 지나면 그동안 함께하지 못했던 친구들과 즐거운 시간을 보낼 것이다. 이 시간이 지나면 모든 이들이 너의 수고에 대해 칭찬과 격려를 아끼지 않을 것이다. 이 시간만 지나면.

미리 그 기쁨을 준비하라. 행복한 축제를 열기 위해서는 의자도 날라야 하고, 식탁도 세팅해야 하고, 땀 흘려 단상도 만들어야 한다. 그 성대한 축제를 하나하나 준비한다는 마음으로 조금만 더 버티자.

이 시간이 지나면 많은 기쁨이 네 앞에 펼쳐질 것이다.

세줄일기

이제 시간이 없어 더 이상은
힘들겠다고 생각하는 학생에게

지금 너보다 점수가 나오지 않는 학생은 너 정도의 성적을 받기 위해 최선을 다하고 있다. 네가 만약 그 아이에게 조언을 해준다면, "이제 시간이 없어서 더 이상 공부해 봤자 아무 소용 없어."라고 말할 것인가? 대부분 "조금만 더 공부하면 내가 받는 성적까지는 충분히 올라올 수 있을 거야."라고 말할 것이다.

지금 네가 유지하고 있는 성적은 다른 아이들이 시간이 없어서 도저히 뛰어넘지 못할 만큼의 '넘사벽'일까? 그 아이가 노력하면 너 정도의 성적을 기대할 수 있듯이, 너 또한 얼마 남지 않은 시간 끝까지 최선을 다하면 조금이라도 더 나은 성적을 받게 될 것이다. 만약 조급한 마음에 더 이상 최선을 다하기를 포기한다면, 너 정도의 성적을 받기 위해 노력한 아이에게 네 자리를 내주게 될 것이다.

세줄일기

부족하기 때문에 오히려
잘될 수밖에 없다

어느 사업가는 성공한 비결을 이렇게 이야기했다.

"나는 잘생기지 못했다. 그래서 여자들에게 인기가 없었고, 열심히 일할 시간이 넘쳤다. 나는 돈 많은 부모를 만나지 못했다. 그래서 나는 돈을 펑펑 쓸 수 있는 기회 자체가 없었고, 열심히 일할 시간밖에 없었다. 나는 똑똑하지 못했다. 그래서 다른 사람보다 두 배 세 배 열심히 일할 수밖에 없었다. 나는 모든 면에서 뭔가 부족한 사람이었다. 그래서 나는 열심히 살 수밖에 없었다."

국어는 해도 해도 안 된다고?
수학은 죽어도 성적이 안 오른다고?

머리가 나빠서 공부해도 금방 까먹는다고?

수능은 이제 시간이 없어서 어렵다고?

누구에게는 '변명'이 되지만,

누구에게는 그것이 성공의 '동기'가 된다.

세줄일기

영리해야 승리한다

가끔 수능은 "타고난 머리가 있어야 한다."라는 말을 한다.

그런데 타고난 머리가 없는 학생은 거의 없다. 타고난 머리를 활용하지 않는 게 문제일 뿐이다.

'내가 어떤 부분이 약하지?' 생각하면 답이 나온다.

'지금 뭘 해야 하지?' 생각하면 답이 나온다.

영리한 학생은 고민하지 않고 생각한다.

어리석은 학생은 생각 없이 영양가 없는 고민만 하며 시간을 흘려보낸다.

오늘부터라도 어리석은 고민을 그만두어라.

생각하는 학생이

수능도 잘 본다.

세줄일기

긍정의 힘!

나는 젊었을 때 온라인으로 합격 여부를 판가름하는 '합격예측서비스'라는 것을 개발했다. 이전에는 '장판지'라고도 불리는 배치기준표가 있었는데, 크기가 커서 한눈에 보기가 힘들었다. 그래서 개발한 것이 성적을 컴퓨터에 입력하면 예상 경쟁률과 커트라인을 알려주는 시스템이었다. 개발 첫해에 바로 큰돈을 벌었다.

그런데 사업이 처음이라 특허를 걸어놓지 않아서, 그 이듬해부터 큰 교육기업들이 기다렸다는 듯 일제히 합격예측서비스를 만들었다. 방식은 물론이고 숫자 하나까지 똑같이 나오는 서비스라 학생들이 신생 업체를 선택할 리가 없었다. 그렇게 나는 10억 원이라는 빚을 진 채 완전히 파산했다.

그때 만난 친구가 있었는데, 그 친구는 대구에서 가장 큰 학원을 운영하다 파산을 한 상태였다. 빚도 나보다 배는 많았다. 우리는 거의 노숙 생활을 하다시피 했는데, 마지막에는 월세도 거의 없는 신정동 옥탑방에서 지내게 되었다. 이곳 환경이 얼마나 열악했냐면, 방 한쪽의 벽은 곰팡이로 가득 차 있었고, 단열도 아예 안 되어서 겨울에는 습기가 천장에 맺혔다가 얼어버려 고드름처럼 되어버리는 곳이었다. 이불로는 그 추운 겨울을 버틸 수가 없어서 혹한용 침낭 속에 들어가 잠을 청했다. 파산하기 전 취미가 등산이라 혹한용 침낭이 있었는데, 그 안에서 자면 그럭저럭 추위를 버틸 만했다. 그래도 아침에 일어나면 몸이 굳어 있었고 얼굴은 꽁꽁 얼어서 입이 움직이지 않았다. 그런 상황에서도 그 친구와 나는 웃으며 말했다.

"와, 사방에 고드름이 얼었는데, 안 죽은 것만도 신기하네. 침낭 성능 한번 좋다!"

얼음 덩어리로 세수를 해야 할 때면 신세 한탄이 나올 듯싶은데도, 그 친구는 이렇게 말하곤 했다.

"와, 우리는 그래도 물이 있으니 이렇게 세수를 하네. 정말 좋다!"

그는 정말 긍정의 아이콘이었다. 극단적 선택을 한다고 해도 이상하지 않을 만큼 절박한 상황이었는데도, 부정적인 생각이나 말을 하는 것을 거의 본 적이 없었다. 밥 한 끼 먹을 수 있는 것에도 감사했고, 걸을 수 있는 몸을 가진 것만으로도 감사했다. 그렇게 십수 년이 흘러 그는 모든 빚을 갚았고, 지금은 '1타 강사'가 되어 파산했을 때보다 더 많은 돈을 벌었다. 요즘에 만나면 그는 "와, 우리가 그런 시절을 극복하고 이렇게 편하게 만날 수 있으니 정말 좋다!"라고 한다.

긍정은 어떤 어둠이라도 몰아낼 수 있는
가장 강력한 힘이다.

세 줄 일기

최선을 다할 수 있는
것만으로도 감사한 일이다

9

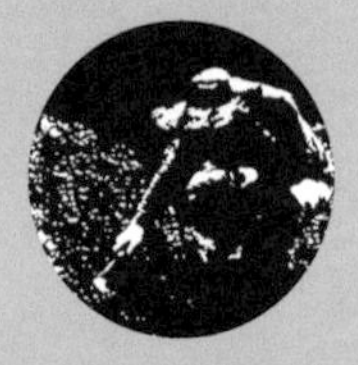

기상이변, 해충, 질병 등으로 수확이 일정치 않아도
농부는 봄이 오면 자신의 노력과 자연의 섭리를 믿고
늘 씨앗을 뿌린다.

인간의 한계를 뛰어넘는 방법

『순수이성비판』으로 유명한 철학자 칸트(Immanuel Kant)는 46세의 늦은 나이에 쾨니히스베르크 대학의 철학 교수가 되었는데, 시간 강사 시절 그의 지리학 강의는 지금의 '1타 강사'에 못지않은 인기가 있었다고 한다. 평생 고향 쾨니히스베르크를 떠난 적이 없는 칸트의 지리학 강의가 그렇게 인기가 있었던 것은 박학다식한 그의 강의는 충실했고, 늘 생동감이 넘치며, 진지한 토론들이 활발하게 이어졌기 때문이다.

그는 대학을 졸업하고 가족들의 생계를 위해 7년간 아이들을 가르치는 가정교사를 했다. 대학에 돌아온 이후엔 15년간 시간 강사를 했고, 논리학, 자연철학, 형이상학, 윤리학, 지리학, 인류학, 신학 등 다양한 강의를 할 수밖에 없었기 때문에 타의추종을 불허하는 박학다식한 지식을 쌓을 수 있었다.

주어진 환경에서 최선을 다하고, 항상 겸손하고 낮은 자세로 열심히 살아가면, 지금의 한계를 어느덧 극복하게 될 거라는 '일타 강사' 칸트가 주는 교훈이다.

네가 오늘 가장 낮은 자세로
해야 할 것을 생각해 보라.

세줄일기

최선을 다할 수 있는 것만으로도 감사한 일이다

"나는 신발이 없음을 한탄했는데, 거리에서 발이 없는 사람을 만났다." - 데일 카네기(Dale Carnegie)

아무리 노력해도 성적이 드라마틱하게 오르지 않고, 정말 최선을 다했어도 지금의 성적에 만족하지 못하고 있는가? 지금도 어디선가 더 노력했어도 너보다 성적이 나오지 않는 친구가 분명 있을 것이다. 그 아이는 어쩌면 이런 상황 속에서도 희망을 놓지 않고 끝까지 달리고 있을지도 모른다.

잡념을 비운 채 그냥 달려라, 최선을 다해서 말이다.

최선을 다할 수 있는

것만으로도 감사한 일이다.

세줄일기

평정심도 훈련이다!

긴장하고 흥분해서 많이 틀린다는 학생들의 이야기를 종종 듣는다. 사실 모든 사람이 큰 시험에서는 긴장하고 흥분하기 마련이니 그건 본인만의 증세는 아니다.

도를 넘어서는 흥분이나 실수를 한다면, 자신이 원래 그런 사람이라고 생각하지 말고, 그런 상황이 될 때까지 방치한 자신을 반성하고 고쳐야만 한다.

지금은 그 어느 때보다 평정심을 가져야 할 때다. 그런데 평정심은 '의지'만으로 되는 것이 아니다. 여러 가지 경우들마다 어떻게 해야 할지 머릿속으로 그려보자. 시간을 들여 그런 상황들과 극복하는 과정들을 생각해 보자.

입시생의 평정심은 단순한 마음 다스리기가 아니라 '어떤 상황에서도 잘 풀 수 있는 학습 능력'이다. 평정심을 찾는 것도 마음만 먹으면 누구든지 충분히 대비할 수 있다는 말이다.

융(Carl Gustav Jung)은 "소심한 것은 우리가 소심한 것이 아니라 익숙하지 않은 환경들에 적응되지 않을 때 나타나는 정신적 반응."이라고 했다. 네가 좋아하는 게임을 할 때 울렁증이 있는가? 네가 좋아하는 드라마를 볼 때 불안과 초조로 인해 실수를 하는가?

가장 편안하고 좋아하는 것을 할 때, 너는 적극적이고 능동적일 것이다.

앞으로 수능 시험을 보는 상황에
익숙해지도록 계속 훈련해라.

세줄일기

누가 미래를 알 수 있을까?

사람들은 미래를 알고 싶어 점집에 가는데, 프랑스 철학자이자 수학자인 라플라스(Pierre-Simon Laplace)는 미래를 알 수 있는 방법에 대해 이렇게 말한다.

"모든 원자의 위치와 운동을 알고 있다면, 그 운동법칙을 활용하여 그것의 과거, 현재, 미래를 알 수 있다."

아인슈타인(Albert Einstein)도 비슷한 이야기를 했다.
"원인이 달라지지 않으면 결과도 달라지지 않는다."

두 사람의 말처럼 현재에 대한 분석이 정밀해지면 정밀해질수록 미래를 예측하기가 쉬워진다. 주가의 흐름이나 내일 날씨를 예측하는 것도 현재를 정밀하게 분석하면 가능하다. 물론 아무리 정밀히 분석해도 미래의 예측이 틀릴 때가 있다. 일기예보에 없었던 소나기가 쏟아진다든지, 갑자기 지진이 나기도 한다. 그런데 '불안 성향'이 강한 사람은 이런 극히 예외적인 상황조차도 심하게 걱정한다.

'시험 날 갑자기 일이 생기면 어떡하지?'
'시험 날 갑자기 문제가 풀리지 않으면 어떡하지?'

어떤 예측으로도 대비가 불가능한 예외적인 상황들을 걱정하지 말고, 현재에 충실해라.
현재를 보면 미래를 알 수 있다.
현재를 잘 보내면 대부분 예측 가능한 미래가 펼쳐진다.

미래를 걱정할 것인가,
만들어 나갈 것인가?

세줄일기

공부보다 공부하는 것을
배우는 과정

지금 하는 공부가 인생에 무슨 쓸모가 있냐며 하소연하는 학생이 많은데, 실제로 고등학교 때 배운 것을 평생 써먹고 사는 사람은 많지 않다. 그런데 아는가? 수능 공부는 지식 습득을 떠나 꾸준히 노력하는 습관을 들이는 과정이라는 것을.

'철의 여인'으로 널리 알려진 마가렛 대처(Margaret Thatcher)는 하루도 빼지 않고 18시간을 일하며 여러 업적을 남겼고, 역사에 이름을 새겼다. 그러나 이런 열정적 태도는 하루아침에 생겨나지 않는다.

공부가 삶의 전부는 아니지만, 어린 나이에 열심히 노력해본 경험은 앞으로 살아가는 데 큰 자산이 될 것이다.

이제 16일밖에 남지 않았다. 사람의 뇌에 한번 새겨진 노력하는 습관은 행동이 되고, 성격이 되어 운명을 바꾸기도 한다. 남은 기간을 어떤 자세로 마무리하느냐에 따라 앞으로 수능 이후 펼쳐질 긴 인생의 운명이 정해질 것이다.

지금의 고통은 훌륭한 인생을 사는 법을
예습하며 겪는 성장통이다.

세줄일기

호랑이가 보고 있다

영화 「라이프 오프 파이」는 배가 난파되어 주인공이 호랑이와 둘이서만 구명정에서 지내는 이야기다. 언제 잡아먹힐지 모르는 긴박한 상황에서 주인공이 긴 시간 동안 호랑이와 지내며 극적으로 살아남을 수 있었던 것은 결코 포기하지 않는 강인한 의지력 때문이었다.

많은 학생들이 두려워하는 것은 '미래'지만, 정작 두려워할 것은 바로 '현재'다. 수능을 망칠까 두려워하지만, 오늘 하루를 망치는 것은 오늘뿐만 아니라 다음날도 그 다음날도 망치게 되는 연속선의 시작이 된다.

그러니까 바로 지금 이 순간이 '호랑이와 함께 있는 순간'인 것이다.

앞으로 남은 15일 동안 호랑이와 한배를 타고 있다고 생각하자.

미래를 두려워하지도 괴로워하지도 말고 호랑이가 지켜보고 있다는
생각으로 정신을 바짝 차리고 하루하루를 보내자.

정신만 집중한다면
그 어떤 일도 해낼 수 있다.

세줄일기

절망 끝에서 희망 찾기

사하라사막을 최초로 동서 횡단한 인류학자 필리프 프레이(Philippe Frey)는 횡단의 막바지에 이르렀을 때, 물도 식량도 모두 떨어져 거의 죽을 지경이었다. 그래도 50킬로미터 떨어진 곳에 물이 있다고 표시된 지도를 보고 쓰러지기 직전의 몸을 이끌고 갔지만, 그곳에는 물이 없었다. 그는 잘못 표기된 지도에 대한 분노와 절망감에 울부짖었다.

낙타의 피와 위(胃)에 든 물이라도 마시려고 낙타의 목을 칼로 찌르려던 순간, 기적같이 유목민 두 사람이 나타나서 물을 조금 나눠주고 20킬로미터 떨어진 곳에 우물이 있다고 알려 주었다. 그때 그는 자신이 선택할 수 있는 것은 20킬로미터를 '다시 걷는 것'뿐이라는 사실을 깨달았다. 설령 쓰러져 죽는다 해도 걷는 것 외에는 아무것도 할 수 없었다. 그래서 그는 한 발 한 발이 죽음과 가까워지는 길일지라도 걸음을 멈추지 않았다. 어차피 죽을 거라면 마지막 한 걸음이라도 더 걷고 죽겠다는 심정이었다. 20킬로미터를 더 갔을 때쯤, 다행히 지도에 표시되어 있지 않은 물가에 도착할 수 있었고, 9개월간의 횡단을 마무리할 수 있었다. 그는 절망에 울부짖었던 그때의 상황에 대해 이렇게 말한다.

"나는 절망했지만 실패하더라도 끝까지 걷겠다는 '의지' 하나는 남아 있었다. 현명한 자는 절망 속에서도 자신이 할 수 있는 것을 끝까지 하려고 하는 의지를 가진 자다."

지금까지 걸어온 길에 절망감이 들어도, 마지막까지 걸어가다 쓰러지겠다는 의지를 불태우도록 하자.

그런 의지가 남아 있는 한,
절망은 없다.

세줄일기

긍정적인 마음을 키워라

한 제자가 부처에게 물었다.

"제 안에는 두 마리의 개가 살고 있는 것 같습니다. 한 마리는 매사에 긍정적이고 사랑스러우며 온순한 놈이고, 다른 한 마리는 아주 사납고 성질이 나쁘며 매사에 부정적인 놈입니다. 이 두 마리가 항상 제 안에서 싸우고 있습니다. 어떤 녀석이 이기게 될까요?"

그러자 부처는 대답했다.
"네가 먹이를 주는 놈이다."

지금 너는 어느 개에게 먹이를 주고 있는가?
긍정과 확신에게 먹이를 줄 때다.

지금 너는 어느 개에게 먹이를 주고 있는가?
긍정과 확신에게 먹이를 줄 때다.

같은 시간, 다른 시간

"일주일 중 가장 의욕이 넘치는 때는 언제인가?"

미국의 억만장자들에게 질문했더니, 가장 많았던 답변은 '월요일 아침'
이었다.

"일주일 중 가장 지옥 같은 때가 언제인가?"

샐러리맨들에게 질문했더니, 가장 많았던 답변은 똑같이 '월요일 아침'
이었다.

월요일 아침은 누구에게는 가장 의욕이 넘치는 시간이지만, 누구에게는 가장 절망스럽고 괴로운 시간인 것이다.

큰일을 앞둔 사람은 누구나 두려움에 긴장되곤 한다. 그렇지만 한편으로는 기대가 되고 흥분되기도 한다. 보름도 남지 않은 지금, 남은 시간을 어떻게 생각하고 있는가?

이제 결승점이 눈에 보이는 시간이다.
수많은 사람들이 결승점에서 박수를 치며 너를 응원한다.
기대와 흥분으로 결승점을 통과할 때다.
누구는 더 이상 달릴 힘이 없어 지쳐 쓰러지지만, 너는 마지막까지 더 힘껏 달릴 때다.

그 시간은 너 자신이 만든다.

세 줄 일기

누구나 당황할 수밖에 없다

2023년 수석합격자 권하은, "3번이나 계산해도 답을 찾을 수 없는 문제와 맞닥뜨렸고, 계산 실수도 할 뻔했다."

누구나 시험에서 당황한다. 심지어 전국 수석 학생도 당황하기는 마찬가지다. 가장 어리석은 것이 수능 날 당황하지 않기를 바라거나, 당황하게 만드는 문제가 출제되지 않기를 바라는 것이다.

어차피 당황할 일은 생긴다. '당황할 때 나는 어떻게 할 것인가'를 남은 시간 동안 충분히 고민하라.

세줄일기

다 잘될 것이다 10

"인간에게 한계는 없습니다. 당신은 할 수 있습니다.
저는 더 높은 목표를 기대합니다."

엘리우드 킵초게(Eliud Kipchoge).
2016 리우올림픽, 2020 도쿄올림픽 마라톤 2연패.
비공식대회에서 42.195km 마라톤 코스를 인류 최초로
2시간 내(1시간 59분 40초)에 달린 케냐 마라톤 선수.

행복도 최선을 다할 때 온다

정신 질환, 빈곤, 외로움, 실패 등을 겪으며 불행한 삶을 살았던 고흐(Vincent van Gogh)는 그림을 그릴 때는 행복했다. 온갖 질병에 귀까지 멀어버린 베토벤(Ludwig van Beethoven)도 작곡할 때는 행복했다.

우리는 모든 것이 만족스러울 때만 행복을 느끼지 않는다. 세상의 모든 것이 다 쓰러지고 비틀어지고 망가져도, 최선을 다할 수 있는 무언가가 있을 때 우리는 진정한 행복을 느낀다.

비록 가난하고 힘들어도 사랑이 넘치는 가정에 최선을 다할 때 젊은 신혼부부는 행복을 느낀다.

파산 지경에 이르러 힘들기 그지없어도 최선을 다하는 부모는 사랑하는 자식이 있는 것만으로도 행복을 느낀다.

곤궁한 예술가도 창작에 최선을 다할 때 행복을 느낀다.

위대한 발명가는 최선을 다해 발명품을 만들 때 행복을 느낀다.

이제 열흘.

온갖 두려움과 고통이 다가와도,

최선을 다할 수 있는 열흘이 남아 있으니

오늘은 행복한 날이다.

세줄일기

인생은 찌그러진 냄비 같아서

오래전 수능이 얼마 남지 않았을 때, 아주 비관적인 학생을 만난 적이 있다. 중학교 때 공부를 곧잘 했지만, 고등학교에 오자마자 사고가 나서 한 달 동안 병원에 입원했고, 첫 시험을 망쳤다. 성적이 나오지 않자, 담임선생님의 관심도 멀어졌다. 중학교 때와 전혀 다른 분위기에 적응하지 못하고 학년말에는 선생님에게 대들기까지 했다. 그래서 2학년 때 전학을 갔다. 전학을 가서는 친구들과 어울려 다니다 보니 성적이 더 떨어졌다. 그래서 이번에는 자퇴를 했다.

수능 공부를 하겠다고 했지만, 어디서부터 자기 인생이 꼬였는지 한숨만 나오고 더 이상 공부할 의욕이 나지 않았다. 학교 다니는 친구들과 비교하는 부모님과 싸우기 일쑤였고 공부는 더 하기 싫어졌다. 그렇게

수능 날은 다가왔다. 열흘도 채 남지 않은 수능 날을 생각하니 더 망했
다는 생각밖에 들지 않는다고 했다. 나는 그 학생에게 물었다.

"들어보니 정말 망한 인생 같구나. 그런데 앞으로도 계속 네 인생이
망가졌으면 좋겠니? 아니면 이제 두 번 다시 그런 일들을 겪지 않았으면
좋겠니?"

너무나 당연한 질문이라는 듯, 그는 이제 더 이상 그런 일들이 없었으
면 좋겠다고 했다. 그래서 나는 말했다.

"장담할 수는 없지만, 오늘부터 최선을 다한다면, 수능 날이 얼
마 남지 않았지만, 지금 그렇게 절망하고 있는 것보다 아주 조금은
덜 망가질 거야. 그게 네가 바라는 삶이기도 하고. 네가 원하는 삶
을 만들어가자."

원래 인생은 찌그러진 냄비 같아서 망가지고 고치고 망가지고 고치고
하다가 끝나는 거다. 그러다 보면 그 냄비에 맛있는 요리도 끓이고, 디
타버린 음식도 만들기도 하면서 인생의 많은 추억을 담게 되지만, 찌그
러졌다고 그냥 놔두면 아무것도 담을 수 없는 냄비로 남을 수밖에 없다.
세상에 번듯한 냄비는 처음 샀을 때밖에 없는데, 그때를 그리워하고 그
때처럼 되기만을 바란다면, 다시 태어나서 새 냄비로 살아가는 것 외에
는 방법이 없다. 얼마 남지 않았다고 버리려고 하지 말고, 짧은 기간 동

안이라도 잘 고치면, 그럭저럭 좋은 요리들을 뚝딱뚝딱 만들어낼 수 있
을 거다.

온통 찌그러져 더 이상 펼 수 없을 것처럼 절망하던 그 학생은 어떻게
되었을까?
비록 재수를 했지만 한의대에 들어가 지금은 한의사로 잘 살고 있다.

세상에 깨끗한 냄비는 없다.
지금이라도 찌그러진 인생을 뚝딱뚝딱 잘 펴서
쓸모 있는 냄비로 만들어보도록 노력해 보자.

세줄일기

아직 열정이 남아 있다면
너는 승리한 것이다

실존주의 철학의 선구자로 꼽히는 키에르케고르(Søren Aabye Kierkegaard)는 이렇게 말했다.

"열정을 잃는 것보다 열정 속에서 길을 잃는 것이 더 낫다."

그는 열정을 단순한 감정이나 흥분이 아니라, 목적의식을 가지고 끊임없이 노력하며 자아실현을 추구하는 삶의 태도라고 생각했다. 열정을 잃는 것은 무기력과 허무함에 빠져 진정한 삶을 살지 못하는 것이고, 열정 속에서 길을 잃는 것은 도전과 실패를 경험하며 성장하는 과정이다.

많은 학생들이 지금쯤이면 길을 잃었다는 생각을 한다. 해놓은 것은 생각보다 적은 것 같고, 목표한 경지에 이르지 못한 것 같은 불안감 때문이다. 하지만 지금까지 이렇게 묵묵히 걸어온 것만으로도 충분히 칭찬받을 일이다.

부족함을 느껴도,
길을 잃은 것 같은 기분이 드는 것도
열정이 아직 남아 있기 때문이다.

크게 걱정할 것 없다.
너의 열정이 남아 있는 한.

세줄일기

럭키 세븐

7이 행운의 숫자가 된 이유에 대해서는 무지개가 7색이라는 등 여러 가지 속설이 있지만, 그중에 하느님께서 세상을 창조하시고 마지막 7번째 날에 휴식을 취하셨다는 성경의 이야기가 결정적이지 않았을까 싶다. 달콤한 휴식을 취할 수 있는 일요일의 유래 7을 행운의 숫자로 쉽게 받아들이고 좋아하게 됐을 것이다.

이제 일주일이 지나면 꿀 같은 휴식이 기다릴 것이다.

원하는 일을 할 수 있고, 원하는 곳에 갈 수도 있다.

휴식이 달콤하고 행복한 이유는 집중하고 노력했던 시간이 있었기 때문이다.

마지막까지 집중력을 잃지 않는 것.

그 집중력이 시험 결과에도

큰 행운을 가져올 것이다.

세줄일기

집중하고 또 집중하자

안중근 의사가 이토 히로부미(伊藤博文)를 저격한 권총은 벨기에 브라우닝 FN M1900이다.

이 총을 선택한 이유는 자동 권총이라는 것도, 구하기 쉬워서였을 수도 있지만, 무엇보다도 다른 권총들보다 훨씬 작고 가벼워서 숨기기 쉬워서였을 것이다.

총이 작으면 명중률이 떨어진다.
더군다나 이 총은 당시에 결함도 있었다.

그럼에도 불구하고 안중근은 한 발의 실수도 없었다.

이것은 그의 뛰어난 집중력 때문이다.

얼마 남지 않은 시간, 목표한 바를 정확하게 이루기 위해서 가장 중요한 것은 집중력이다.
남은 시간에 쫓기지 말고 지금 네가 목표를 위해 얼마나 집중하고 있는가를 생각하라.

하얼빈역의 안중근 의사처럼
집중하고 또 집중하라.

세줄일기

오늘부터 수능 전날까지
매일 해야 할 것들

이제 마무리 준비를 해야 할 때다. 다음과 같은 마무리 시간을 꼭 갖자.

✔ 가상 시뮬레이션

1. 어려운 문제가 나왔을 때 어떻게 할 것인가? 간명하게 정리해 두자.

2. 수능 시작부터 끝날 때까지의 과정을 30분 정도 머릿속으로 그림 그려보자.

3. 모의고사 보면서 가장 난처했던 상황을 떠올리며 그때 어떻게 하는 것이 좋았을까 생각해 보자.

✔ 정리

1. 내가 취약했던 부분들을 하루 1시간 정도 살펴보자.

2. 지금까지 정리해 놓았던 것들을 하루씩 쪼개어 확인해 보자

3. 내가 실수했던 것들을 어떻게 하면 줄일 수 있을지 생각해 보자.

✔ 준비

1. 수능 날 입을 옷, 지참물 등을 챙겨두자.

2. 수능 당일까지 건강을 지킬 수 있게 비타민 등 그동안 먹었던 건강 보조제를 매일 먹자.

✔ 마음가짐

1. 열정과 의지는 어떤 기적도 만들 수 있다는 마음가짐을 단단히 하자.

2. 지금까지 응원해준 이들에게 감사한 마음을 갖자.

3. 어떤 일이 닥쳐도 잘 해결할 수 있다는 긍정적인 마음을 갖자.

세 줄 일기

다 잘될 것이다

방황하고 고민했던 것은 더 나아지기 위한 노력이었다.
절망하고 괴로워했던 것은 아직도 열정이 있었기 때문이었다.

지금 아무것도 한 게 없다는 허탈한 마음이 드는 것도 그만큼 더 큰 것을 담아내겠다는 의지가 있었기 때문이었다.

그러니 지금 조금도 괴로워하거나 고민하지 마라.
도전하고, 도전하고, 도전하려는 마음이 없었다면 지금 괴로운 마음도 들지 않을 것이다.

그 도전은 결코 헛되지 않을 것이다.

그 힘든 날들이 있었기에.

다 잘될 것이다.

세줄일기

위대한 삶

인간보다 더 많은 일을 해내는 로봇.

하지만 우리는 언제나 목적을 달성하는 로봇을 칭송하거나 존경하지 않는다.

오히려 우리는 힘든 과정을 통과하며 나름의 목표를 향해 나아가는 이들에게 큰 감명을 받는다. 희노애락을 느끼는 사람들의 삶의 의미는 목표 달성이 아니라, 그 목표를 향해가는 과정 자체이기 때문이다.

수천 년 된 나무는 모진 비바람과 혹독한 추위, 한여름의 불볕더위를 이겨내며 그렇게 오랜 시간 한자리를 지킨 것만으로 위대하다.

고3 힘든 시간들을 묵묵히 견뎌온 것만으로

너는 충분히 훌륭하고, 큰 목적을 이미 이뤄냈다.

이제 작은 목표만 남았을 뿐이다.

세줄일기

두려워 마라

이틀 뒤면 모든 이들이 연도에 나와 너를 응원할 것이다.

이틀 뒤면 지금까지 최선을 다한 종착지에 도착할 것이다.

지금까지 잘 달려왔다.

두려워 마라.

종착지에서 받을 숫자에 미리 짓눌리지 마라.

중요한 건 네가 달려온 길이다.

때론 포기하고 싶었고

때론 절망도 했고

때론 펑펑 울고 싶기도 했지만

너는 이렇게 종착지를 향해가고 있다.

의연하게,

오늘도 한 걸음 더 나아가라.

<세줄일기>

최선을 다했다

인간은 기계가 아니다.

모든 과정을 완벽히 성실하게 보낼 수는 없다.

후회가 되는 날들도 많았겠지.

그러나

아무도 깨어 있지 않은 새벽에 혼자 어둠의 적막을 깨뜨린 시간이 있었다면,

불안과 두려움과 괴로움을 뒤로하고 다시 힘내서 책상에 앉은 시간

이 있었다면,

…

그렇다면,

네 인생에 최선을 다한 날들이었다.

수고했다.

후회도, 미련도 갖지 말고
당당하게 내일을 맞이하면 된다.

내일은 온 우주가 너를 응원하고,
그 어떤 날보다 더 빛나는 날이 될 것이다.

세줄일기

백일 편지

초판 1쇄 발행 2024년 6월 10일
초판 12쇄 발행 2025년 7월 24일

지은이 | 김호진

발행인 | 이승현
책임편집 | 강세윤
디자인 | 이원우

펴낸곳 | 펜타클
주소 | 경기도 파주시 헤이리로 133번길 63, 4층(10858)
전자우편 | pentaclebooks@naver.com

인쇄·제본·후가공 | (주)프린탑
배본 | 문화유통북스

글 ⓒ 김호진, 2024

ISBN 979-11-987570-0-5 (03370)

＊ 이 책의 모든 제작은 단행본 전문 디지털윤전인쇄소 (주)프린탑에서 진행하였습니다.
  제작문의: printopsolution@naver.com